為什麼對別人這麼好，內心卻總是受傷？

35 個戳中「好人」痛點、解開困惑的心靈法則

精神科醫師
劉恩庭——著

尹嘉玄 譯

為什麼對別人這麼好，
內心卻總是受傷？

─作者序─　傷害，永遠來自你最親密的人

還記得曾有一名二十多歲女性來看診，她從小就對身形微胖感到自卑，一直深信只要瘦身有成，她所面臨的那些問題就通通能迎刃而解：包括求職困難、戀愛頻頻告吹、交友關係出現問題等，都認為是自己的肥胖所導致；因此，她拚了命減肥，但是相較於付出的努力，並沒有換得有效的瘦身成果。

後來發現，原來問題出在每當她吃完午餐與朋友相約見面時，會礙於不好意思讓朋友一個人吃午餐，而故意假裝自己還沒吃；晚餐也會因為怕要是坦承自己在減肥，會使安排飯局的人感到不便，所以寧願選擇委曲求全，還是硬著頭皮應邀出席，有時甚至發生過一天內去同一間餐廳吃兩次飯的情形，可想而知，體重自然是有增無減。

於是某天，她終於鼓足了勇氣向周遭朋友公布自己正在減肥的消息，坦承自己其實已經下定決心要瘦身，也有在減肥診所接受治療，沒想到她得到的回應居然是「所以現在的身材是妳去接受治療後的結果喔？」「妳怎麼不早說？要是直接說妳在減肥，我們

就不會叫妳來參加聚會啦。」

「醫生，他們是看我胖才覺得我好欺負，對吧？我真的受傷了，無論如何都一定要成功瘦下來，讓他們刮目相看，不再小看我，不再對我如此隨便。」

不期待，就不會有失望

令人遺憾的是，她的心理傷害其實是自己一手造成的，都是因為平時她對朋友付出過多的體貼與善意，期待他們應該也會同等回報的心理。

試問，要是你今天穿了一雙新買的白鞋外出，結果在路上被陌生人踩了一腳，你雖然會感到憤怒不爽，但不至於心裡受傷，為什麼呢？那是因為你對這位陌生人沒有抱任何期待；但是如果換成是被好朋友踩到，而且朋友還對你說：「啊！對不起，我沒注意到，別板著那張臉了，這又沒什麼大不了的。」你又會做何感想呢？相信當下在你心中一定會產生難以言喻的複雜情緒，因為被踩不是重點，重點在於對方怎麼如此不體貼、不能體會你的心情，那份對朋友的埋怨就是在傷害自己。我敢打包票，對方甚至很可能連你不高興都沒有察覺。

我們不會想要從小朋友身上得到經濟上的補償、言語上的稱讚、鼓勵和體諒，是因為我們不會對他們抱有這些期待。他們是需要被悉心呵護、被體諒的對象，並不是能夠寄託或依靠的對象，這就是為什麼他們只要寫一張平凡的小卡片，我們就會被感動的原因。

不期待，就不會有失望；不期待，就不會受傷害。要是人與人之間的關係可以像這些句子一樣簡單又單純，該有多好？可惜現實並非如此，所以人際關係也是一項需要不斷反覆練習的課題。

就算是微不足道的代價，只要你想要從對方身上獲得，就必須懂得明確說出自己想要什麼，不論是盼得對方的諒解，還是得到經濟上的援助，或者一句溫暖人心的話語……等，什麼都好。要是不說，對方會連你正在難過都不曉得，等於形成了一種只有被害者，沒有加害者的情形。因此，不要害怕成為主動提出要求的人，不要在對方沒有要求的情況下擅自施予恩惠，不要讓自己心甘情願釋出的善意，變成對方甚至是自己的心理傷害。

如果覺得自己會受傷，最好先開口說出你想要的是什麼，就算這麼做，人際關係也絕對不會被你搞砸，所以大可放心。

對他人抱持不切實際的期待，然後再獨自感到心寒的人，最終必定會導致心中傷口潰爛。最好在情況愈演愈烈之前，盡早停止自己單方面的付出，讓自己有時間重新好好反省。從現在起，你需要從會帶給你傷害的所有人際關係中，確實保護好自己。

對於已經厭倦處理人際關係的人來說，這本書可能不是完美處方箋，但是期許它能成為像一顆維他命或營養劑一樣的心靈膠囊，供各位隨時服用。每當想要依賴對方或緊黏著對方不放時、對他人的評價過度敏感時、想要得到所有人的認可或喜愛時，不妨就翻翻這本書，相信一定能見證自己的內心變得更堅強、更踏實。

劉恩庭

目錄

3 建立屬於自己的標準 101

6 專為只看失去、不看擁有的人所開的心理處方箋 217

關係
期待
渴望被認可
自我決定權
傷害

1

別再用自己的真心換無情

是時候該停止獨自難過了

你為什麼會受傷？

「我覺得我的人生根本是一場錯誤。」

不久前，在診療室裡遇見的一名三十多歲女子向我這樣說道。她說她別無所求，只想當一個值得信賴的朋友、乖女兒、優秀的前輩、有禮貌的晚輩、有能力的同事，最重要的是當一個聊得來又溫暖的人，她沒有任何特殊需求，只希望自己不造成別人的困擾；但是到頭來這名女子得到的卻只有內心受傷，因為不知從何時起，周遭人士開始將她的犧牲與體諒視作「理所當然」。

讓她內心受傷的，不是那些只有在需要時才聯絡、有難時則對她置之不理的朋友，也不是詆毀她的主管，或者漠視她心情變化的戀人，而是那股沒來由、原因不明，漸漸開始壟罩在她周圍的不舒服感。

這種時候，我們會產生不明的失落感與被忽略感，明明周遭的人都沒變，自己的內心卻開始悄悄起了變化。這種現象經常出現在重視「零糾紛的人際關係」勝過自我需求的人身上，所以停止與內在自我溝通的人，往往容易有這種感覺。

別掉入期待心理的陷阱

據說，農夫在挑選犁田牛時，比起力大無窮、精明能幹的牛，會寧願選擇乖巧聽話、順從主人的牛，因為與其和年輕氣盛、時不時還會拒絕拉犁的牛抗衡，不如把犁田之事交給動作雖然笨拙緩慢、但會絕對服從的牛來得更省事方便。

你是否也因為擔心與對方起衝突，而不懂得拒絕對方提出的要求？要是果斷地說出己見，怕被人說目中無人、囂張狂妄；要是不把腰桿子放軟，又好像會成為大家的眼中釘？為了不讓對方感到有壓力，連拜託幫忙都難以啟齒；甚至怕影響到對方工作，已定的開會時間也不敢輕易提出變更。你是不是經常以「我會全力以赴」、「我會想盡辦法」、「我會再與主管商量」來代替「辦不到」、「不可能」、「很困難」？雖然你會說，這都是出於為對方著想、體貼對方，所以才掩飾掉自己的內心話，但事實並非如此；就像會抱怨自己經常被人利用、重要時刻又被忽略的人也是同樣情形。現在，是時候停止製造什麼事情都一肩扛、自己負責、出問題時又獨自受傷的窘境了。

「我都為他想那麼多，為什麼他卻一點也不為我著想？」、「為什麼我待人和善，卻被當成是理所當然？」我們也要終止自己沈浸在這些負面想法，獨自感受絕望、挫折、憤怒、被忽略的行為。

通常憤怒、孤獨、被排擠、背叛等這些情感，並非來自周遭人士對你的冷漠，而是那些原本期待是「自己人」、「會幫助你的人」漠視你的存在時，才會出現這種感受。先放下「我都為對方做了這麼多，對方應該也會為我做這麼多」這種不切實際的期待吧，人與人之間的關係，相處久了也會形成一種既定模式，醉過一次的人會繼續選擇不醒人事，被剝奪過一次的人也會繼續甘願失去。如果實在難以拒絕對方，只要謹記這點就好：**對事不對人**，你現在想要推開的不是對方這個人或其人格，而是「不當的情形」與「無可奈何的現實」。

不要將對方的問題誤以為是自己的問題

有些人說話會拐彎抹角，因為怕傷到別人，但是如果真的是為對方著想，不想講話傷人或造成困擾，就更應該要懂得明確表達自己的想法。

美國國民演員摩根・費里曼（Morgan Freeman）就曾被一名記者訪問過：

「要是我稱你為『黑鬼（Nigger）』，會有什麼下場？」

「不會有任何事。」

「這是帶有種族歧視性的發言，真的沒問題嗎？」

「因為那不是我的問題，有問題的是使用『黑鬼』這個錯誤單字的人。」

光是不把對方的問題當成自己的問題，就可以大幅減少心理受傷的機率，只要不把力氣浪費在觀察他人的情感，就會有足夠的心思去虛心接納別人適當的指教，但又能保護自己避免遭受單方面不當謾罵或指責。

所有關係都是你來我往、雙向溝通的，要是只有自己單方面向對方付出時間與真心，得不到任何回饋的話，這樣的結果多令人無奈呢？朋友、戀人、家人、熟人等關係，通通不是靠單方面的努力和犧牲，就能夠維持下去。

「真正的朋友，除了不會在你有難時棄你於不顧，還會在你成功時，獻上真心祝福，為你感到開心。」我認為這句話說得很對，人的心理其實天生就很容易產生憐憫之情，但是要能放下妒嫉與猜忌之心，著實困難，尤其愈是親密要好的關係，愈難放下。如果你已經對某人付出了真心，換來的卻只有無情對待，就沒有必要硬拖著那段緣分不肯放手，因為是他們把你的親切與體貼拒於千里之外，絕對不是你選擇背離他們；不是你的真心有問題，而是不懂得好好珍惜並回報於你的他們才有問題，是他們沒有資格獲得你的親切與善意罷了。

就算不是現在，會離開你的人終究還是會離開

我知道，你比任何人都還要認真生活，無時無刻都全力以赴，你向來都是如此，未來也會繼續保持。

其實體恤他人、不想給別人添麻煩的那份心意是值得被讚許的，但是你朝思暮想要成為**那種「被所有人認可」的人，往往都是不被他人稱讚或批評左右，不被好事或壞事影響心情，只專注做好自己該做的事情，不將責任轉嫁到其他人身上，面對危機或突發狀況時也會展現優秀應對能力的人**。

多為自己著想一點也無所謂，偶爾漠視對方的期待也沒關係，拒絕對方一次也沒什麼大不了，被說閒話也無傷大雅。

如果有人因為你不再像以前一樣任勞任怨而準備要對你疏離，那麼那種人隨時都有可能會離開你，只是遲早的問題，根本不值得眷戀。

別再用自己的真心來換他人的絕情，也別再一廂情願做一些對方不需要的體貼，更別期待他人回報你根本不可能同等的親切。

你是值得擁有幸福的人，也比現在更值得受到疼愛與呵護，與其依賴別人或執著於人際關係，不如將焦點放在現況以及問題本身。要是發現自己已經被他人的心情影響，最好努力專注於當前需要直視的問題，光是從「對方的情感」轉換成關注「自己的情感」，就不會受對方情緒影響，能夠維持健康良好的人際關係。

〔#如果換來的只有無情對待，就沒有必要硬拖著那段緣分不肯放手。〕

稍微自私一點也無妨

提高自我價值的方法

某個週末，我與三五好友同聚時，曾有過以下這段談話：

「恩靜！妳有什麼心願呢？」

「嗯……，我希望可以有限時一天搶劫銀行的機會。」

我會這麼說，是因為那個禮拜的諮詢者們剛好都向我訴苦經濟上遇到困難，要是上天真能賜予我限時一天去搶銀行的機會，我非常想把盜來的錢財發放給那些為房租、生活費、註冊費所苦的年輕學子們。《哈利波特》作家J．K．羅琳（J. K. Rowling）

曾說：「現代社會裡，金錢就是魔法」，面對經濟壓力，再多的安慰或鼓勵都沒有用，因為現實問題是下一頓的飯錢在哪裡都不知道了，那些話語又豈能撫慰人心、給予力量。

我們一生中除了會受到遺傳基因生物學方面的影響，也會深受社會心理學層面的影響；諸如大恐慌、失業、提前退休等這些經濟壓力，就是屬於社會心理學層面的要因。試想，假設面臨銀行貸款利息漲到不堪負荷的地步，或者房東突然要調漲房租，想必其他問題都會以光的速度拋諸腦後，你變得只專注在處理錢的事情上；如果是父母有債務問題纏身，子女所承受的精神壓力更是超乎想像。

一名定期會來回診的三十多歲女子，年幼時期剛好遭逢亞洲金融風暴，一夜之間，她們家失去了基本生活能力，她將這件事情長時間怪罪於自己，感到自責不已。其實亞洲金融風暴是整體結構性的問題，也不是小心就能夠預防避免的。甚至當時她還只是個學生而已，跟這件事情明明就毫無關係，為何要因這件事而不斷貶低、厭惡自己呢？

我們如果放任這種自我厭惡感逐漸發酵，久而久之，就會潛移默化成那種被其他人貶低，也不會產生任何不悅情緒，容許被人任意對待的人。因此，要獲得良好的人際關係也就難上加難了。

因此，切記這一點，就算此時此刻擺在你眼前的現實問題多麼棘手難解，也絕對不能抱持著肆意對待自己的心態。**最瞭解自我價值的人是你自己，要是連你都認為自己是沒有價值的，瞧不起自己，其他人也就更不可能看見你的價值**。有時候，把自己的需求擺在第一優先順位也無妨，不論遇到任何情況，保護自己、安慰自己、理解自己才是首要任務。

職業不代表身分

減肥門診的特色是經常需要與二十多歲的年輕朋友們接觸、對話，而飲食療法之所以屢屢失敗，原因之一便是免不了的求職壓力。

就算在求職荒中煞費苦心好不容易找到工作，也多半都是找到沒有未來保障的約聘職，我甚至遇過一位朋友向我哭訴：「我可不是為了求得一份約聘職而苦讀、讓爸媽那麼辛苦供我讀書的……。」

約聘職若要有意義，就得有通往正職的管道才行，但是現實並非如此。年輕人的心理只會因此變得多愁多病，而我也一直在苦思究竟該如何解決這個問題。雖然內心非常希望可以徹底改善整體社會結構，但那已是超出我能力範圍外的事情，只能對這樣的現象感到不捨惋惜。

一般企業通常會以觀察新進人員能否勝任工作、適應公司文化為由給予約聘職，在此，我們不妨試著轉換一下觀點，站在「人才」的立場而非「企業」的立場，約聘期其實也是測試這間公司的企業文化、組織運作、人際關係等各方面和自己合不合，有多少東西可以學習，能夠開拓多少視野的一段期間，也就是說，不是只有企業可以運用「約聘期」來觀察你，你也可以藉此機會觀察公司的意思。

凡事如果以自己是「被安排」的角度去思考的話，會容易倍感無力、心受委屈，但是如果**換個角度把自己當作主體，想成是「由我選擇」的話，就能夠獲得出其不意的價值與收穫**。

很多人會將「約聘職」、「正職」、「試用期」這些職缺類型視為是自己的身分，甚者，還會認為只要沒有拿到正職聘書，就是失敗的人生，但是其實剛出社會的大部分新鮮人都會經歷約聘職的洗禮，包括令人稱羨的醫生一職，也都需要通過實習醫師與住院醫師的階段。就算是規模已經夠小的醫院，也會安排員工進行三個月的試用期。

到頭來，約聘職只是踏入社會必經的一塊跳板而已，約聘職一詞並不帶有任何個人「價值」或「尊嚴」，難道現在是約聘職，就代表未來也注定一輩子都是約聘職嗎？正職就永遠都會是正職？一個人的自我價值及尊嚴是上層概念，職業則是其下層概念，你必須抱有這兩者屬於不同層級概念的智慧，才不會因此而損害自己的自尊。

只要是人，任誰都無法保證明天會如何，就如同非正職人員隨時都有可能轉成正職一樣，正職也難保永遠都會是正職，隨時都有可能淪為失業人士，我們生活的這個時代就是如此。在這快速變遷的社會中，最重要的是不隨意看不起自己的態度，而且是比立刻轉正職來得更為重要。

現在還不是放棄的時候

我們的上一代不像現在一樣競爭激烈，到處有的是機會，反觀現在的年輕世代，則是大環境本身就已經不如上一代；因此，很多人在尚未開始前就選擇放棄，甚至還出現了「七拋世代」的專有名詞，表示這個世代的年輕人早已拋棄了七件事。究竟是哪七件事呢？我上網搜尋了一下，據說是戀愛、結婚、生子、買房、人際關係、夢想、希望。

為何要在尚未開始前就選擇躲在放棄的背後呢？與其被拒絕，不如先拒絕的作法，其實是為了守住最後僅剩的尊嚴而主動放棄自尊，這是非常不明智的行為。

每當聽聞才華洋溢的年輕人說，「因為沒有房子，所以結不了婚」、「因為身高太矮，所以很難談戀愛」、「因為沒找到工作，所以根本不敢夢想其他事情」……時，都會令我感到十分惋惜。

「我因為沒有房子，所以結不了婚。」

「我因為還有債務，所以不能生孩子。」

拜託不要用這樣普遍的社會共識斷送自己的未來，負面想法除了根深蒂固難以去除外，只要碰上一點點不順心就會立即浮現，真的沒有必要隨意斷定自己的人生、在人生貼上標籤、斬斷未來的任何可能性。

「因為沒有房子」、「因為身高太矮」、「因為沒找到工作」，用這些話來表達抗議其實都是傳達出自己不想再受傷害的另一種表達方法，搬出逃避與否定的防禦機制，只為了安撫內心的焦慮不安。人類的大腦喜歡熟悉的事物，如果老是經歷挫折與失望，某天大腦就會將它們視為是可承受、可忍耐的事情，就算出現能夠扭轉乾坤的機會，也寧願躲在不安的現實裡，因為與其再經歷其他未知的挫折，不如停留在原來即便有些不安、不適，但已經非常熟悉的環境，反而更讓人安心。這就是為什麼負面思想所帶來的無力感會那麼恐怖、一發不可收拾的原因。

人必自重而後人重之，如果連我們都不懂得尊重自己，就不可能受人尊重，如果連自己都不把自己視如珍寶，別人也不會懂得珍惜善待你。若想要從現在的現實中脫困，活出稍微不一樣的人生，就必須停止批評與否定自己，因為光是承受其他人向你發射的無數支箭，你的痛苦就夠受了。

〔#人必自重，而後人重之〕

不要以他人的要求當作原則

沒必要討好所有人

正因為心中存有想要得到所有人喜愛的慾望，或者不想讓自己身處尷尬、不自在的情況當中，所以那些耳根子軟、容易妥協的人，隨著年齡逐漸邁入三十歲以後，便會開始意識到原來過去的自己太傻、太天真，於是陷入苦惱。

視犧牲與讓步為生活一部分的人，在職場生活中也比較容易承攬到一些艱難的任務，重點是這些人往往會自發性地攬事情來做。最後，事情不是處理得虎頭蛇尾，搞得自己筋疲力竭，不然就是怨嘆「為何只有我需要加班，真的只叫我一個人來處理嗎？」

而心受委屈，甚至憤而提出離職；這些都是原本立意良善，但最後卻沒能獲得好結果的典型案例。

明明一開始是出於好意，結果卻不盡理想的理由是什麼？首先，是對其他人心生埋怨：「為什麼只有我做？好歹也問我一聲需不需要幫忙吧？」要是開始出現這樣的念頭，任何事情就都會處理不好。明明是自己要搶著出風頭的，何必埋怨其他人呢？你是真心為其他同事著想，所以才要負責那件事情嗎？不是帶有一絲想要被上司看見，所以才搶著做嗎？第二，則是因「善良的人總是會吃虧」的想法所導致。為何要抱有這種向他人讓步、為他人著想，就必然會有損失的觀念呢？如果你是有這種觀念的人，那麼從一開始就不應該扮演會吃虧的角色。

法頂禪師到最後一刻都沒放棄的事情

會糾結於「善解人意」標籤的女人，通常都是有著強烈尋求他人認同慾望的人，其

實這並不是什麼壞事，出版過《無所有》（무소유，無中譯版）的法頂禪師也承認，他什麼都可以放棄，就是不能放棄被人認同的慾望，由此可見，這是多麼不容易放下的一件事。

但也不能因為如此，就認為「我是強烈需要被認可的人，所以任何事情都要攬在自己身上」，愈是不懂得拒絕他人的人，愈需要設定一條保護自己的底線，這點非常重要。

為了設定一條能夠確保自己安全的底線，首先得了解自己想被認可的慾望，因為有無意識會產生非常大的落差結果；如果有所認知，就會出現「現在是因為認可慾望使我又雞婆了嗎？」「明明是我不用做的事情又自討苦吃了嗎？」「這次還是不要出風頭好了」等念頭，提醒自己要節制。當然，在其他人對你提出不當要求時，也能阻止自己發生自動承攬的情況。

我同樣也需要在診間滿足患者們的求診期待；上節目得滿足觀眾或電視台工作團隊的期待，被這些認可慾望糾纏。可是如果這樣的念頭過於強烈，短時間內就會身心俱疲，反而無法保持良好狀態。當我開始認知到這項事實以後，便設定了「看診以外的閒暇時間才可以上節目」「把百分之八十的精力放在門診，百分之二十放在節目」的原則，當你為自己設立了這樣的原則以後，就能夠減少情緒上的消耗，處理事情變得更有效率、更順利。

態度要明確

諮詢之中，經常可見被周遭人士利用卻不懂得拒絕的女性，每次只要遇見這種案例，我都會盡量開導她們：「正因為妳們都很善良，所以才會被人如此肯定，並且擁有現在的成就」。

生活在現代社會裡，懂得努力迎合他人、滿足他人要求的人，通常也比較會有貴人相助，獲得各種機會或管道；而那些我行我素、不懂得配合他人的人，則比較不會有人願意提供他們機會。因此，在這樣的社會文化下，大部分的人自然會有一種共同想法：只要多為他人著想，自己也會在別人心目中留下良好評價。這也是為什麼愈是善解人意的女人，愈屬於成功導向型，在職場中也經常被擺在不錯位置的緣故。

我們何不把善解人意想成是對成長有幫助的特質，而非需要改變的特質？如果難以轉念，不妨試著減少尋求他人認可的慾望，轉而重視自己內心真實的慾望，這也是一種方法。不論何種方法，都應該有明確的態度，兩者之中選出自己想要的方向以後，採取相對應的行為才是明智之舉。

我比較想要建議各位，與其想盡辦法擦去自己「善解人意」的標籤，不如將「讓步與體貼」視為是自己的優勢，只要讓這些美德不要對自己的精神健康造成威脅，適時調整其強度或頻率即可。以善解人意形象生活了二十多年的人，一夕之間要將尋求他人認可的慾望連根拔除，想必也不會是一件簡單的事情。

不傷害關係的婉拒方法

觀察那些因自己太過善良而苦惱的人，通常會發現他們都有著「被別人利用了」的被害意識，一旦想要討人喜歡的念頭愈漸增強，就會開始對他人的請託來者不拒，而要是這樣的情形反覆上演，累積到某個瞬間，就會突然覺得自己不受人尊重，好像大家都抱持「那就由你來做吧」的態度把事情「丟」給他。

《被討厭的勇氣》（嫌われる勇気，二〇一四年，究竟出版）這本書裡說道：「**你之所以不幸，是因為你親手選擇了不幸**」，誠如這句話所言，善良者的被害意識是來自於「自己選擇要過度為他人著想」。換言之，尋求他人認可的心理反而淪為方便他人，甚至是隨便他人。因此，我們必須懂得分辨該幫的時候幫，不該幫的時候就要婉拒，人際關係才不會走向失衡。最終，拒絕他人並不是什麼壞事，而是為了維持關係平衡所需的一種表態。

如果平時經常有人說你雞婆，或自認難以拒絕他人的話，設定「南瓜日[1]」也是一種方法，注意，我並不是要你在那天拒絕所有人，而是希望你至少在那天可以設定好拒絕與答應的比例，訂好原則並實踐，相信自尊感會提高許多，因為光是聆聽自我內心這件事，就足以對提升自尊感產生正面的作用。

1：韓文的「斷然」的諧音為「南瓜」，因此所謂「南瓜日」就是能果斷做決定的日子。

要是遇到難以答應對方請託的情形，記得要盡可能簡潔明瞭地說明自身處境，並提醒自己**不要過度補償對方**，通常女性會比男性來得不好意思只講述事實，然而，拐彎抹角地說話並不代表比較溫柔或善良。

「其實……，我今天本來有約，我甚至把它取消掉了，沒想到事情卻攪和在一起……。」

擔心被認為是自私的人，而吱吱唔唔辯解一堆，這樣並不表示妳很體恤他人，對方反而還會因為感到抱歉而把原本想說的話吞回肚子裡，與其這樣不如誠實坦白地傳達自己的處境，婉拒對方，或許還能夠為彼此保留下一次再開口拜託的餘地。

〔#不要被過度體恤他人的自己牽絆〕

擁有自我決定權

魔法般的心靈咒語

原本是流浪街頭的黑人女孩赫蒂傑・威廉姆斯（Khadijah Williams），從小與母親生活在垃圾堆裡，但是她勤奮好學，經常讀書到凌晨深夜，儘管人們對她指指點點，甚至嘲諷「流浪漢讀什麼大學？」赫蒂傑依然意志堅定，無動於衷。她最後不僅被哈佛大學錄取，甚至還收到布朗大學、哥倫比亞大學等名門學校的錄取通知，赫蒂傑的故事被〈洛杉磯時報〉（Los Angeles Times）以「女孩終於擁有她的家：哈佛（She finally has a home：Harvard）」為標題刊登。

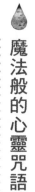

赫蒂傑．威廉姆斯是「真正的高自信女王」，她說她最常聽到的一句話是「就憑妳這流浪漢」，相信任誰聽了這種話都會心裡受傷，但是她卻克服了這些言語攻擊，順利進入世界頂尖大學，這都要歸功於她堅信自己，不讓自己的人生任由他人評斷。她身處在負面惡劣的環境中，卻靠著異於常人的意志力，徹底翻轉人生。

心理學中有一詞叫作「制約（Conditioning）」，其核心概念便是強化，不論是好的咒語還是壞的咒語，只要反覆默唸，人生就會自然而然朝咒語所指示的方向邁進，這就是強化的力量。許多大人會強調環境的重要性，一個人如果從小只聽好話、只看好的內容長大，人生就會朝正面發展；相反地，要是從小就生長在充斥著負面的環境裡，就算百般阻止，也會自然往負面方向發展。因此，其實要能夠克服制約、愛惜自己並不容易，從這點來看，赫蒂傑是一名非常了不起的女孩，從心理學角度來看，我甚至認為給她滿分五顆星都還不夠。

我先建立習慣，習慣再建立我

所謂否定型思考，是指當一個人面對壓力時，會毫不猶豫地將情況以負面解釋。「我因為沒房子，所以結不了婚」、「我因為有債務，所以不生孩子」，這些言語都是受否定型思維影響的結果。

儘管經歷了充滿意義的豐富經驗，卻還是會因為別人的一句話而否定自我成就，這種思維同樣也屬於否定型思維。認知行為治療是以消除否定型思維為目標進行，也就是幫助諮詢者發覺自己也沒意識到的憂慮、不安、負面想法，並協助他們領悟「並非如此」的事實。慧善小姐就是屬於這樣的個案。

「慧善小姐不是有去澳洲遊學嗎？英文作文怎麼會寫成這樣？我看根本是去混的吧。」她的上司經常這樣不懷好意地調侃她。

「就像部長所說的，我確實搞砸了我的遊學生活，兩年時間通通都白費了，我覺得自己好沒用。」

慧善小姐因為上司不安好心的一句話，就把自己過去在澳洲的兩年時間全盤否定掉了，像這樣**把某段過去經歷倒轉成一張白紙的心態我們稱之為「從零開始（zero base）」**，也就是儘管本人付出了努力、創造出一定成果，卻在面臨人生要交出成績的時間點，自己反而把一切歸零。這樣的思考模式之所以危險，是因為會藉由否定過去所有努力，來消除未來向前邁進所需的基本動力。

「明明英文不好，不知道當初幹麼遊學。」

「既然都找不到工作，不知道當初幹麼要讀大學。」

這兩種都屬於從零開始的思維模式，就算在當年遊學和讀大學是被評為八十分以上的事情，卻因此時此刻的情況不盡理想而將其貶低成二十分，這樣的損失還真是非同小可。

遊學生活與英文本就是兩件事，就業與讀大學也是兩碼子事，找不到工作是「目前要面對的問題」，大學生活則是一段非常重要的過去，這段過去成就了現在的自己。嚴格來說，這些事情應該要像辣蘿蔔泡菜一樣分成兩塊各別看待，為了消除否定型思維，要養成「英文是只要再努力就可以進步的事情，遊學期間也學到了許多寶貴經驗」這樣的思考方式才行。

只要一件事情不順利，其他事情也會統統一起變糟糕的「全有或全無反應（All-or-None Response）」也和否定型思維有關，這是一種極端的思考方式，也是引發憂鬱症的原因之一。因此，如果不想憂鬱，就得改變思考方式。**改變想法就會改變看事情的角度，改變看事情的角度就會改變結果。趕快停止「導果為因」和「把一切歸零」的思考方式吧**，到底為什麼要如此折磨自己、啃食自己的心靈呢？

人生不是一搏，而是只有一回

搭電梯時，只要按你想去的樓層就會自動抵達，人生也是一樣的道理，如果按了「正面按鈕（Positive Button，P鈕）」就會抵達正面樓層，按了「負面按鈕（Negative Button，N鈕）」就會抵達負面樓層。然而，現實是大多數人更常選擇按N鈕，而非P鈕。

「都說來得早不如來得巧了。」

「果然不出我所料，事情會那麼順利才怪。」

「認真努力有什麼用。」

許多人明知自己愈常按N鈕，就愈會削弱對自我的評價，但還是會用負面的方式來描述自己。

「可是我的身材不算瘦啊！」

儘管告訴她男人其實更喜歡比標準體重多三、四公斤的女生也沒有用，不吃不喝骨瘦如柴的結果也只不過變成平胸的紙片人，只要不是胖到危害健康的程度，其實豐滿的身材才更有魅力。

「我覺得我是生來受苦的。」

果真如此嗎？是什麼經驗使你感到特別不幸呢？就連街頭流浪者赫蒂傑都沒有將自己的人生貼上不幸的標籤了，我們是不是更沒有資格說自己不幸呢？

自我暗示的影響力不容小覷，如果長期下來一直批評自己、看衰自己，反覆出現負面想法，這些訊息就會變成自動化思考，而這樣的負面自動化思考則會埋下憂鬱症的病根。你已經是充滿魅力的人了，為什麼老是厭惡批評自我呢？人生會變成自己所想的那個樣子，拜託拋下對自己的批判吧，沒有必要把自己的人生貼上標籤，**人生並非一搏，而是只有一回**。

赫蒂傑克服了自己先天性無法選擇的惡劣條件，也對周遭的惡意咒罵不為所動，我希望你們也都能擁有這種不亢不卑的精神，希望各位可以持續不斷進行擺脫否定型思維的練習。

〔＃人生會變成自己所想的那個樣子〕

遭受不當待遇是自己一手造成的

為了受人喜愛而選擇自我沉默

你在家裡的定位是屬於總是退讓和付出的「施予者（Giver）」，還是屬於只接收恩惠的「接受者（taker）」呢？通常愈是家人，施予者與接受者的定位愈會有固定不變的傾向，習慣補充零食的人會每天買各種零食回來，只知道吃的人也會一直只負責吃，要是施予者無怨無悔地付出還沒什麼問題，但要是自己默默心裡受傷，甚至悶出病來可就茲事體大了。

愈是像家人一樣，就算省去體貼或退讓也不會斷絕的關係，愈需要重新考慮自己在這些關係中所扮演的角色與定位，因為不論多麼犧牲奉獻，家人對無條件乖巧的女性絲毫不會想到要感謝或予以回報。

「媽！謝謝妳幫我煮飯、洗衣服。」

「爸！您工作賺錢養家辛苦了。」

就如同我們不會無時無刻感謝父母是一樣的道理，我們經常視母親煮飯、洗衣服為理所當然，視父親賺錢養家為自然不過的事情，妳的乖巧在他們眼裡也會是應該的。反之，如果妳是每天將喜惡顯現於色的女兒，突然某天表現乖巧，家人不僅會心存感激，還會努力迎合妳，這就是人性。

妳是否也有「每天只有我犧牲，好委屈」的念頭呢？那麼，是時候該檢討一下是不是自己一手造成的了，妳也要學習對家人表達需求，練習提出要求，丟掉「犧牲與沉默是善」的想法吧，懂得明確表達自我意願的人，他們的家人也會懂得尊重他、善待他。

所謂「**自我沉默（self-silencing）**」，**意思是指為了顧及重要關係的親密感，而選擇忍耐當下感到不悅之行為**，相較於男性，女性更容易有這樣的傾向，往往展現在壓抑不悅情緒優先於表達需求。像這樣獲得的和平假象，是以情緒作為擔保，最終還是不會維持長久的。

一貫採取沉默者的特徵

如果用一個字來述說與家人之間存有心結者的心情，那便是「恨」，正因為心存怨恨，所以才會抱持著連一根湯匙都不願意分享的心情來診所找我。

「從小，家裡所有好東西通通都是屬於姊姊的，不論衣服、鞋子、便當盒等，只要漂亮的都會被她先拿走，說實話也該換她讓我一次了……。」

靜敏小姐向我吐露了長年以來對姊姊的怨氣，現在的她，正與姊姊爭執結婚資金一事，因為姊妹倆即將在同年舉行婚禮，但是父母已經把所有資金投注在姊姊的嫁妝上，導致靜敏小姐這邊一份嫁妝也沒有。

所謂**「反應（Reflected）」，是對方從我所做的行為做解讀，並根據解讀來回饋善意或惡意的回應**，如果我們都不檢討自己所採取的行為，一味地只因得到惡意的回覆就批評責罵對方，我想這也不正確。

從這樣的角度來看，我認為靜敏小姐的姊姊其實只有一半責任，另一半責任在一直固守沉默、不想爭吵的靜敏小姐身上，因為就像我們到山上要呼喊「喂」，才會聽到「喂」的回音一樣，**為什麼自己選擇閉口沉默，卻期待聽到對方的回音呢？**

靜敏小姐其實已經默許了她的家人可以這樣對待自己，如果厭倦了這樣的互動模式，就得掏出「勇氣」這把槌子，徹底將沉默打破，練習為自己發聲才行。一開始可能會覺得很困難，但只要嘗試過一次、兩次，便會發現這也沒什麼，即使家人突然感到難以接受，造成雙方不悅，也會深刻體悟到原來表達自己需求是一件多麼不容易的事情。

「在這段關係中，我真正想要的是什麼？」

在回答這道問題以前，妳會切身感受到，原來找出自己真正想要的也需要耗費一段時間與努力。

靜敏小姐真正想要的是結婚資金嗎？不是的，而是和姊姊一樣受到父母同等的關注與待遇。靜敏小姐要練習的是，向父母說出希望他們可以像重視姊姊婚禮一樣，也重視她的婚禮，唯有如此，才不會說不清理還亂，誠實傳遞自己的心聲，使對方感同身受並說服對方。

我們通常會稱那些想盡辦法爭取自己權益的人為「自我主義者」，但是如果考量到他們的「情緒勞動（Emotional Labor）」，就會發現也沒什麼好批評的，因為當其他人在猶豫不決時，他們懂得明確表達自我意願，當其他人不願意捲入鬥爭時，他們會為了達到目標而跳入紛爭之中，每分每秒都在消磨自己的身心。因此，想設法多撈到一些東西也是再自然不過的事情，就如同選擇自我沉默的人以獲得他人喜愛為目標而將自己的需求不斷延後是一樣的道理，展現自我主張的人也只不過是做了不同的選擇罷了。

妳的人生之所以枯燥乏味的原因

長輩們常說：「現在的年輕人都從小被寵壞了，所以很敢表達自己的意見」，但是其實最近的年輕世代反而不懂得捍衛自己的立場，本來利己之心是指，朝對自己有利的方向做決定，但是往往很多年輕人根本連如何得到自己想要的目標都不知道，更甚者是不把自己擺在第一順位，只為了迎合他人而忽略自己的需求，咬牙忍耐。

如果想要擺脫乖女兒標籤，從現在起，就開始練習表達自己內心的真實需求吧。雖然沉默是為了避免與他人起衝突所採取的行為機制，但其實也是因為沒有其他表態方式所以才會選擇沉默；舉個例子，假設想要在牆上鑽一個洞，如果我手中握有一把槌子，自然就會找尋釘子，但是其實只要改用電鑽就能夠輕鬆鑽出洞來；同樣道理，倘若擁有各種溝通道具與面具，就能夠隨著不同情境用相對應的表態方式有效達到目的。

如果過去二十多年來，都沒有真正正視過自己的需求，突然要你改變也一定不容易，那麼，究竟該怎麼做呢？之前我接觸過一項叫做「郵票理論」的概念，也就是平時藉由把自己的心願寫在郵票大小紙張上，來練習放下多餘的雜念，找出存在於潛意識裡的「原始需求」。

今天想吃什麼？這週末想怎麼過？我現在想做什麼？

我比較推薦各位用便利貼來進行，現在就立刻練習發掘自己內心的真實心願吧，要先自行理出頭緒才有辦法順利傳達給其他人。

「你希望今天媽媽準備什麼晚餐呢？」

「都可以。」

「你生日想吃什麼呢？」

「隨便。」

切記，避免出現上述這種對話，正因為這樣的思維，才會造就「都可以」、「隨便」

的人生，如果你也是家中得不到正常待遇的那個子女，記得先試著努力表達自己的內心需求，而非一味地心懷怨念。

〔#丟掉「犧牲和沉默才是善良」的想法〕

你有保護和愛惜自己的義務

面對以一生為賭注的選擇

根據研究報導，接受整形手術的人裡面，真正需要整形的人其實不到百分之十，因此，社會不免出現許多批評聲浪，撻伐如今已成氾濫的整形現象，也有人對整形這件事持負面態度，但我個人是站在贊成的那一方，因為在當今重視外表的現實社會裡，若要把容貌缺陷當成是個人病理問題，難免有些牽強。另外，也有各種研究紛紛指出，外表條件優秀的人，薪資所得也比較高，我們經常可見「魅力資本」一詞出現，也就是利用自身魅力，讓他人願意掏出更多錢來消費的技術。

有時甚至連精神科都會建議患者整形，因為整形是決定要改變自己人生的意圖，是積極採取行動、付出努力的方式之一。這種努力行為，不僅會影響外在容貌，也會連帶影響內在心理。假設我們去健身房運動一小時好了，大部分人都會在大汗淋漓後感到舒爽、有成就感，而自尊感就是從這種自豪、喜悅中慢慢萌芽成長。因此，精神科醫師會建議患者接受整形手術也是基於相同道理。

人在看見自己變美麗時，會刺激快樂中樞，心情會頓時開朗，這是整形的另一個功效，而且只要心情好，大腦就會分泌血清素和多巴胺，這些神經物質都會引發快樂、活力、滿足、幸福感等正向情緒。這也是為什麼通常整形完以後，都會給人變得更有自信的印象。

換句話說，我們不僅能使身體變得更美麗，精神上也可以。整形手術，想做就做吧，只不過在推開整形外科那扇大門前，希望各位可以先看完以下內容，並想清楚這些問題，儘管現在去整形外科已經是像走進理髮廳一樣稀鬆平常的時代，但畢竟坐上手術台這件事情還是屬於賭上一生的選擇，最好還是審慎評估過再作決定。

難以抗拒的致命誘惑——強迫與執著

「身體畸形恐懼症（Body Dysmorphic Disorder，BDD）」是一種妄想型精神疾患，即使外貌沒有什麼嚴重缺陷，也會將其放大看待。例如，會把肌膚上的小痣看得非常大，或者覺得自己的鼻樑歪斜等，就算其他人不覺得他們的容貌有問題，他們也會一直在外表上挑毛病。這些人對於外出十分抗拒，也排斥與人相處，因此，有些情況較為嚴重的患者甚至會影響學業與職場生活，最終選擇走向絕路、了結生命的極端案例也不少見。根據比利時天主教魯汶大學附設醫院研究團隊的研究顯示，到院接受鼻子整形手術的兩百六十六名患者中，大約有百分之三十三的患者是患有身體畸形恐懼症的，要是將研究範圍擴大，就會發現進出整形外科的人裡面，大約有百分之十，也就是全世界人口的百分之一患有身體畸形恐懼症。

罹患身體畸形恐懼症的患者，大部分都會前往整形外科或皮膚科尋求問題改善協助，但是最終，他們並不會透過手術獲得正向的心理滿足，因為實際上並沒有任何需要改善的問題，反而因為將原本好好的部位做手術，所以術後不容易感到滿意，於是一而再、再而三地要求醫生再手術的情況也層出不窮。如果你也有過度照鏡子或經常瀏覽整形外科網站、蒐集資料等傾向，為了整形，要你做任何事都在所不惜，那麼建議妳，不妨先確認一下自己是否患有身體畸形恐懼症。

為能享有多一點自由，你必須直視這些問題

只要是女性，不分年齡，任誰都一定動過想整形的念頭，表面上是為了讓外貌有所改變，實際上她們真正想要改變的是——人生。

「改變人生」代表兩種意涵，一是希望可以走出更美好的未來，二是徹底揮別過去。從大方向來看，兩者都是因想要改變「現況」而起的慾望作用，但是通常，後者會對整形懷抱更高期待。儘管現實是就算去整形，人生也不會像施了魔法一樣徹底翻轉。

我通常會對那些想要揮別過去而接受整形的人說：「整形是好事，但是當你躺上手

術台時，記得要帶著一顆擁抱過往傷痛的心，想想過去不全然只有悲傷，也有幸福。你得先承認這項事實，整形完以後才會幸福。」

女人的美麗是經由一輩子的蛻變形成，並非接受整形就能瞬間擁有，同樣的道理，整形並不會幫助你從過去的傷痛中完全解脫，儘管那是一段你想要徹底切割的記憶，也得在你承認它是你的一部分時，才會真正從傷痛中獲得自由、解脫。

最終還是屬於受傷者的責任

我曾經在診療室裡見過一名二十多歲女子，她有著人人稱羨的完美男友，兩人當時是情侶，她卻總是心理忐忑不安，原因是擔心萬一男友發現自己有動過整形手術，會離她而去。最終，那名女子是在協議分手後才終於找回心靈上的平靜。

另外，也有一名女子是在動完雙眼皮手術以後，只要逢人就會覺得別人都在盯著她的雙眼皮看，所以在人際關係上突然倍感壓力，雖然在我看來，她的雙眼皮手術弄得非常成功，要是她沒說，其他人根本無從察覺，就像天生一樣自然漂亮，可惜對於當事者來說並不這麼認為，只要與人初次見面，就會有天使與惡魔出來天人交戰，不知道該不該承認自己有整形。

整形這件事很可能會成為當事者的心理陰影，而且與手術結果好壞無關，光是有動過整形手術的事實本身，就足以傷害到自尊感，這種個案屢見不鮮。

「哇，妳變好漂亮喔，雙眼皮弄得很自然耶！」

「聽說男生只要摸過就會知道是不是真的耶，妳男友摸過妳的胸部以後都沒說什麼嗎？」

這些都是整形後周遭人士很容易無心脫口而出的言語，如果妳聽了這些話以後覺得心裡不是滋味，那麼建議妳還是重新評估整形這件事情。

有句話說：「動過整形手術的女人，必然會產生想要隱瞞的過去」，當然，如果沒有人主動詢問，也沒必要到處開誠布公說自己有整形，但是也不需要遮遮掩掩，回答得支支吾吾。假如術後有人問妳是否有整過形，而妳有自信能毫不猶豫地坦然承認，那麼妳大可去整，因為要先有這樣的心理準備，才不會事後糾結於整形事實而影響到自尊感。記得，不論任何情況，都要以考量自尊感為優先，而非外貌。

和自己和解

我曾在韓國整形實境節目〈Let美人〉與〈White Swan〉中，為那些因外貌而憂鬱、自尊感低落的女性們諮商，參加完這些節目後的領悟是：不論哪一種外表上的整形手術，都無法取代心靈上的整形，一直用負面眼光看待自己的人，不論術後變得多美麗，心理上的滿足感最長也不過六個月。雖然藉由整形可以在短時間內會恢復自尊感，但是很快又會找到其他看不順眼的地方，就算感覺自己好像已經擁有「一切」，事實上卻只擁有「美麗外貌」而已。若想要真正擁有一切，就得另外付出一番努力才行。

倘若妳已經透過整形擁有了美麗外貌，不妨開始累積建立良好人際關係所需的經驗與知識，真正的美麗，是由引發好感的態度、良好習慣、生活品味、工作職業等因素融合而成，光靠整形是無法達成自我滿足、自我實現、自我成就等目標的。

如果把所有心思與努力，通通都只用在整形這件事情上，對其他事物毫無興趣，那就會變成真正的「整形中毒」。

整形只不過是為了變美麗的第一步，後續必須連帶付出各方面的努力，才不會枉費當初躺上手術台賭上一生的決心，而且才會使其價值發光發熱。還有一點，在透過整形提升自尊感前，不妨先好好正視自己的人生，假使有看見傷痛，就好好擁抱、安慰它，甚至放聲大哭一場也無所謂，相信光是這簡單的動作，就能治癒自己。我們為什麼都會寬待朋友的煩惱和眼淚，面對自己的傷痛反而強忍壓抑？我想，這是我們每個人都該認真想過的問題。

〔#就算整形，人生也不會像施了魔法一樣徹底翻轉〕

#自尊感
#自我主導
#獨立
#存在

2

不論在任何情況下，都要以保護自己為優先

覺得低潮時，給自己一段潛水期

陷入無力感的原因

二十九歲與三十歲。

現代女性對三十歲這個數字特別執著，原因來自它不僅是個數字，背後還帶有非常大的心理壓力，也就是所謂「三十歲症候群」；女人到了這個年紀，彷彿就不能再穿二十九歲的衣物，要是沒能解決二十幾歲時所煩惱的問題，還會覺得人生根本白活一場，這些都是屬於三十歲症候群的代表案例。

患有這項症候群的女性，大部分都會因為不確定自己有什麼價值而倍感焦慮，就算是在其他人眼中充分美麗、有能力的女性也毫不例外，這都是因為自尊感下滑的緣故。

試問，「自尊感（Self Esteem）」究竟是什麼？簡單來說，就是認可自我價值，珍惜並尊重自己的心態。我們有時會錯把自尊感當成是自信心，但其實這兩者是截然不同的概念；**自信心是指「我能夠辦到」，亦即與「行為（Doing）」有關的概念，而自尊感則是指「我是個不錯的人」，與「存在（Being）」有關的概念**。充滿自信卻缺乏自尊感的人也並不罕見。

「我好像沒有這個資格。」

「比我優秀的人多的是。」

「我想要重新投胎轉世。」

這些都是自尊感低落的人經常會說的話。儘管你的自尊感沒有非常低，只要是人，一生中多少都會經歷過幾次認為自己一文不值的時期。

為何認為要先改變自己才會受人喜愛？

我在三十五歲那年，決定脫下醫師袍，遠赴美國。當時，我還是個英文不太流利的亞洲女性，我對自己一事無成倍感焦慮，至今仍記憶猶新。那時候我的定位、歸屬感都非常模糊，只認為自己是個無用之物，儘管沒有人給過我壓力或催促我，我也會感到很焦急。還記得當時我的指導教授對我說：「感覺妳現在是處於孤立期（Isolation Period），放心，這是每個人都會經歷的一段時間。」

我熬過了那段時間，並且確立了十幾歲時未能設定的自我定位，也就是針對「我究竟是什麼樣的人？」進行了一番深思熟慮。因為這個社會要求人要外向，在那之前，我一直都以為自己是個外向的人。

就在我承認自己其實很內向，我變得比以前更愛自己，多虧重新認識了真正的自己，才得以抬頭挺胸站在比以前更為堅強的「自我」之上。

後來歸國後，回首這段往事，才發現原來當時的我，是為了伸展身軀而處於捲曲狀態，等於是多虧有那段認識自我的時間，才能站在今天這個位置。

天生我材必有用，每個人都有自己的優點與長處，真的不必拿自己與他人比較，沉浸在自卑的情緒當中。

沉默帶來的安慰

我在不知情的情況下誕生，遇見了我自己，
被人稱呼著別人幫我取的名字，
經歷過走路、說話、學習以後，我變了，
我按照自己的方式前進、停止、解決。

歌手李素羅（이소라）的第七張專輯裡，有一首名為〈Track 9〉的歌曲，上面這段文字正是那首歌的部分歌詞，誠如內容所言，我們每個人都無法選擇自己的親生父

母、名字、樣貌，也就是無法選擇「我自己」的意思。

有時就連自己做的選擇都不一定滿意了，更何況是自己毫無選擇權的外表樣貌、環境條件，要能完全滿意自然是不可能的一件事。儘管事實如此，我們還是無法改變這樣的現實。像這種時候，我們究竟該如何是好？只能感到挫折、選擇放棄嗎？未必。我們或許改變不了現實，但是絕對可以克服現況。此時最先需要的是可以撫慰心靈傷痛的「治癒期」。

當心情低落、毫無動力時，跟朋友聚餐或到喧嘩場所並非好的選擇，因為暴露在吵雜的聲音裡，只會使我們變得更加敏感。人一旦受到刺激，大腦就會開始活躍運作，不斷呈現工作模式，所以會感到疲乏。尤其「人」是最強的外部刺激，我們光是與他人身處在同一個空間，就會暴露在聽覺、視覺、觸覺等各種不同的刺激裡。但是如果選擇一個人獨處，就能從所有刺激中解放、重拾自由，並且重新正視自己的心靈，不論面對任何選擇，都能找到「內在動機」。

假使沒有隔音牆，我們就會直接暴露在雜音裡，而周遭要是吵雜不休，便很難好好專注面對最真實的內心，無法察覺自己真正想要的是什麼，心靈自然恢復得很緩慢。像這種時候，不如乾脆讓自己「潛水」，雖然自己一個人獨處並不會完全從刺激中解放，但是至少可以從「人際關係雜音」中獲得自由。

如果你想要潛水一陣子，記得先在社群網站（SNS）或者個人動態上註明自己「潛水中」，讓自己不會在朋友及周遭熟人間遭到孤立，而且這樣他們也才會懂得體諒你，事先預防發生人際關係突然驟變的情形。你只是需要一段自我修復的時間，沒必要讓其他人覺得你好像已經想與他們斷絕往來。

有時，我們會遇到想要把潛水中的人拉上水面，提振士氣地高喊著：「愈是這種時候愈不能一個人獨處！」「沒關係，人生總會有低潮期。」但假若你不是屬於和朋友相聚在一起會重新振作的人，記得要斷然拒絕這種人所釋出的善意；反之，要是發現身邊有人想要擁有一段潛水期，我們也要懂得耐心陪伴等待，有時候。**不說什麼比多說更能夠安慰人**。

不夠瀟灑也無妨

雖然每個人都有需要潛水期的時候，但其實最需要那種沉澱期的對象是落在二十歲至三十歲的年輕人身上，不論是重修或求職不順、失戀等……，尤其是準備就業的學生及社會新鮮人，我會建議擁有一到兩年的潛水期。

「兩年？不會太久嗎？」

你心中是否也浮現了這樣的念頭？請不要誤會，我並非要你把自己深鎖在家裡與世隔絕兩年，怨懟這冷漠無情的世界，哀嘆著自己的命有多不好，而是在你準備就業的期間，最好推掉和那些已經求職成功的朋友相聚往來，避免讓自己覺得不如他人。就算你已經成功找到工作，也得先進去一陣子才知道那個位子屬不屬於自己，要是實際進去後才發現「原來這個位子不屬於我」，而非「這就是我想待的公司」，那麼剛進公司的頭兩年就會變成名副其實試行錯誤的時間，而不是向下扎根蹲馬步的時間。

如果你會因為朋友比你先順利找到工作，或者在社會上很早就有一席之地而感到心裡不平衡，這時候也不妨先潛水一段時間，因為明明心裡難受、眼紅嫉妒卻要假裝毫不在乎、瀟灑自如，這件事情本身就是有壓力的，隱藏自己的真實心聲，強迫自己祝賀朋友，也會有損害自我的風險。

向公司提離職的人也需要這段潛水期，記得之前有一名離職女性美靜小姐說過：「我看著辦公桌上的東西通通清空時，心裡有點難過，畢竟那是我工作四年來使用的位子，空蕩蕩的桌面彷彿在告訴我：那個位子已經不屬於我了。」

儘管美靜小姐有接受同事們熱情舉辦的歡送會，離職後也與前同事保持聯絡，但是離開了長年任職、傾心盡力的公司，心裡似乎還是沒有想像中那麼灑脫。

其實一旦向公司提離職，自然會開始被排除在重要會議之外，要是有新人已經開始來上班交接你的工作，其他同事、合作單位的窗口也自然會向那位新人靠攏，開始打好關係。此時，準備離職的人往往會難掩失落，彷彿到昨天為止都還是屬於「我的圈子」，今日已不再屬於我，因而悵然若失。遇到這種情形，記得要先從那個環境中徹底脫身，然後給自己一段回首自我的時間才行，讓過去的歸屬感不再折磨自己，直到與那種感覺完全道別為止，要直視自己的內心並且重新瞭解自己。

與戀人分手時往往也會和離職時的感受一樣心情低落，甚至更受打擊，畢竟是曾經比父母還要深愛的男人，頓時變成了陌生人，說自己一點也沒關係是不可能的。此時，如果擁有一段潛水期，就能夠為身心靈補充一些能量，維持精神上的健康。尤其是在朋友聚會中相識的情侶，分手後記得千萬不要再出席那個朋友圈的聚會，因為可能會不如預期，原本想要獲得朋友的安慰，卻聽到一些關於分手情人的消息，使自己加倍難過。

任何人都需要潛水期，經歷過那段期間才能夠支撐妳堅強地浮出水面、走向未來。就如同隧道終究會有出口一樣，痛苦的時間也一定會有終點，所以無論如何都要熬過去、撐過去，努力愛惜自己，遲早有一天又會有春光明媚的日子到來。

〔#有時候，不說什麼比多說更能夠安慰人〕

每個人都是一顆星星，有著閃耀的權利

時間不會白白流逝

樹曾說
要正直地面對才會度過
要連根動搖才會度過
時間不會白流
會帶走某些事物
再帶來某些事物

不論好與壞
都不會白白經歷
經歷會令你刻骨銘心

上面這段文字，是擷取自詩人朴勞解（박노해）的詩篇〈樹曾說〉（나무가 그랬다），誠如詩詞所言，時間是不會白白流逝的，但是如果毫無想法地讓它平白度過，就不會找到意義，其實隨著年紀愈大，愈能夠感同身受，要成為時間的主人這件事和賺取金錢是同等重要的，而這首詩剛好也再度提醒我這個事實。

為了不讓寶貴時間白流，擁有屬於自己的時間非常重要，沒有什麼比獨處更能夠有效確立自我定位、提升自尊感。因此，懂得妥善運用時間的人，也表示擅長建構屬於自己的世界，當你非常瞭解自己時，就會自然建構出自己的世界觀。

擁有自己世界的人，會有其特有的氣場，而這個氣場並非刻意塑造，是在建構屬於自己的世界時自然形成。

我希望所有人都能有屬於自己的氣場，成為不容易被其他人模仿的那種人，從現在起，我們就來一同瞭解，如何利用自己的時間來建構屬於自己的世界。

允許自己體驗遊手好閒的滋味

如果決定要把時間投入在及時行樂，首要之事便是放下心中的罪惡感，就算生活過得不夠忙碌也沒有關係，**如果你認為勞碌奔波的人生才算是沒有白活，不妨就先從改變這個觀念開始**。生活忙碌是值得炫耀的事情嗎？偶爾工作繁忙才是正常，每天被工作纏身的生活反而不正常，我們的大腦和身體會難以承受持續不停運作。除非是每天懶在家裡才有問題，偶爾站在維持身心平衡的立場休息放鬆一下，會是非常好的自我修復處方。

不論是讓腦袋放空還是躺在床上打滾都好，記得給自己一些放鬆、不做任何事情的時間作為禮物，人生並非一定要匆忙才是有效運用時間，請擺脫掉一定要做點事情的強迫症，取而代之的是努力解放自己的心靈，使其自由獨立。

沒有飯局邀約時，我經常一個人吃午餐，畢竟我的工作是需要一整天聽人說故事的，所以至少午餐時間要獨處，享受屬於自己的時間，才能夠維持我個人的身心靈健康。

對我來說，一天二十四小時當中，唯一可以獨處的這段午餐時光是非常珍貴的，等於有一小時是真正獨立的個體。我們不需要特別為了自我獨立而走出家門，從心理學的觀點來看，儘管一天只有一小時，甚至是短短三十分鐘，只要能與其他人完全隔離，就表示有達到獨立。

心理獨立的人在和人相處時，往往不會受對方影響，他們不會依賴他人，反而是認可對方與自己的世界同時存在，並創造更豐富的關係。他們不一定要展現自我，別人就會對他們產生好感。

試想周遭經常被說「他人很不錯」的對象，一定都是屬於有個人世界的人。記得電影明星姜棟元（강동원）也曾在一段訪談中描述過自己的理想對象：

「比起外貌，我更喜歡擁有自己世界的女人，那種人都有著一股特殊的氣質。」

懂得獨處的人，愈能夠與他人合作無間，不覺得這個現象滿有意思的嗎？

送自己一段治癒期作為禮物

剛出生的嬰兒會將自己與母親認知成一體，但是隨著日漸成長，與母親的親密感就會逐漸分離，發現自己是獨立的個體，我們將其稱之為第一階段分離個體化過程，精神科醫師瑪格麗・馬勒（Margaret S. Mahler）則稱這段過程為「心理上的誕生（psychological birth）」。比照她的論述，我想要把心理上的獨立稱為「第二階段分離個體化過程」，也就是重新誕生成擁有獨立自我（內在世界）的人之意。

心理上的獨立並不是突發性的事件，就像在成年節之日，儘管收到了玫瑰花束與親吻，也不會突然變身為成人的道理相同。如果已經下定決心要讓心理獨立，建議漸進式地增加十分鐘、三十分鐘、一小時屬於自己的時間，唯有如此，才能穩定享受那段時光。記住，這段時間是用來專注在「自己」身上的，去書店走走閱讀一下書籍、逛街購物都好，或者獨自泡在咖啡廳裡也相當推薦。當你開始習慣自己一個人獨處，不妨嘗試自行到更遠的地方走走，舉例來說，獨自在母校校園裡散步，或者找一些景色優美的路線實際走訪看看。

如果不方便抽空出門，提早抵達和朋友約定的場所，到附近走走晃晃，或者利用下班回家時在前一站下車，再散步回家也是不錯的方法。一天就算只有二、三十分鐘也好，把這段時間留給自己吧，而且記得在這段時間內絕對不要掏出干擾自我專注力的智慧型手機，只要持續不斷地主動給自己時間獨處，將會明顯大幅提升自尊感。

有趣的孤獨

寫下願望清單，尋找實現方法也是享受獨處時光的方法之一，如果不知該如何整理願望，推薦將想要達成的事項用相機拍下留念，因為如果將心願視覺化呈現，大腦就會分泌多巴胺，能夠發揮降低壓力的效果。

我有認識一位朋友，不時會去北村韓屋村[2]走訪，將自己喜歡的韓屋樣式拍照整理蒐集，因為她有一個夢想：擁有一間韓屋。我相信她每次在拍攝、整理照片的時候，都會想像未來已經實現這份夢想的自己，並從中獲得成就感。插個題外話，人是不管達成多麼微不足道的事情，都會感受到滿足喜悅的動物。倘若買下一間韓屋是無法立即實現的願望，只要有決心去北村韓屋村拍下自己想住的房子，相信隔天便能使你立刻起身行動。像這樣經常讓自己達成小成就，對於提高自我認同也會有極大幫助。

如果說潛水期是逃離外部刺激、修復心理傷痛、重新認識自己的治癒期，那麼獨處便是主動運用時間、為自我成長打好基礎的一段時期。在哲學領域中，這段時間稱作「Solitude」，也就是「有趣的孤獨」之意，擁有愈多 Solitude 時間的人，心裡愈是富有，因為他們懂得將目光從別人轉移到自己身上，比起任何人都還要清楚知道自己的價值在哪裡。

我們每個人都是一顆星星，有著閃耀發光的權利，但這世上沒有一顆星星是會自體發光的，都得藉由其他行星的光芒反射呈現。為了讓自己更閃耀，或者讓別人更閃耀，都需要獨處的時間，只是要如何妥善利用那段時間，就取決於個人了。

〔#這世上沒有會自體發光的星星〕

2. 北村韓屋村是一座韓國村莊，地處首爾鐘路區，鄰近景福宮、昌德宮和宗廟。該村以韓屋和傳統韓國建築風格的小屋聞名。

不再對自己說謊

面對自我合理化時所採取的態度

我不是很喜歡「選擇障礙」這句話，因為當你的一個選擇會徹底左右人生的認知時，自然就會謹慎面對每一個選擇，做出最合適的決定。但是，我也不贊同為了做決定更謹慎而一味聽從他人意見，為什麼要把自己的人生交由他人來主導呢？

其實不是只有企業家和政治人物需要具備領導力，每個人在經營自己的人生上也都需要展現這項能力，如何維持工作與生活的平衡、金錢與時間的管理、技能及人際關係管理等，人生幾乎所有事情都需要用到領導力。

其中，對年輕人來說尤其最需要「抉擇的勇氣」這項領導力，這裡所指的抉擇，並非決定A還是B這種狹隘概念，而是領導人生的廣泛概念。

若要做出正確決定，首先要非常清楚自己真正要的是什麼，許多人其實並不知道自己到底要什麼。以愛情為例，我們經常在向對方表達愛意的同時，內心其實是在想著「重新認識對象好麻煩」或者「都這把年紀了，怎麼可能再有新對象」，像這樣掩飾內心真實想法，是因為抱有「我要是和他分手，還能認識其他男人嗎？」、「都已經論及婚嫁了，要是這時候分手，會不會太殘忍？」等擔憂的緣故。

「抽籤」對你的決定會有多少影響

我們每個人都會基於不同理由將真實心聲埋藏在內心深處，有時甚至把說謊的心誤以為是真心，但終究說謊只是自欺欺人，稍微挖掘，便可發現隱藏的真心。不過，我們如果光靠理性是很難察覺自己要的究竟是什麼。

我通常會建議那些不知道自己真正想要什麼的人，透過抽籤的方式來做決定。

或許有人會提出這樣的質疑，「怎麼能將人生重要決定交由抽籤來進行？」但其實**抽籤是最容易確認真實內心想法的直覺方法**。我們不是只有對人會有第一印象，面對抉擇也會有所謂第一印象，**那份第一印象，就是你的真實心聲**。

我當初在選擇專攻科目時，也有使用這個方法，當時我得從眼科、皮膚科、精神科裡面，選出一條自己的未來出路，坦白講我當時也根本不知道自己真正想要走哪一條路，長輩們都勸我走前景看好的皮膚科，前輩們則勸我走收入優渥的眼科，精神科反而沒有任何人推薦。

還記得當時我把這三者分別寫在三張便條紙上，進行抽籤，結果第一個抽出來的是皮膚科，我沒有特別失望，但也沒特別開心，我不自覺地喃喃自語著：「還不錯，但感覺不屬於我」原來那就是我的真實內心想法。

後來我又重抽了一次，這回換抽中了精神科，當我看到精神科這三個字出現時，我感覺自己彷彿泡進了溫度恰到好處的水裡，心裡十分平靜，當下我終於確定自己該走哪一條路。至今為止，當時的那份感受仍記憶猶新，假如時光倒轉二十年，我相信我還是會做出同樣決定。

從那時起，每次只要有難以抉擇的事情出現時，我就會利用抽籤的方式來確認自己的真心，因為**抽籤不是用大腦精打細算過再決定的選擇方法，而是促使你用直覺來面對你所抽出的選項A或選項B**，針對所有選項進行心理直覺測驗，這就是抽籤能夠提供的最大幫助。

當我們面對太多選項時，反而難以抉擇。要是有一定的範圍框架，我們就能夠自由選擇，而這也是抽籤能提供的第二種幫助。

如果你也想要利用抽籤的方式瞭解自己真實想法，最好在紙條上寫下具體內容。如果是面臨與職場去留有關的決定，或許可以寫出以下四種籤條：

一、立刻離職。
二、待滿三年再離職。
三、在這裡待一輩子。
四、隨時都想走，但不是現在。

抽出籤條以後，打開來看到的第一印象就是你對那項選擇的真心想法（at Heart），也就是尚未貼上任何意義的真實心聲。舉例來說，你抽出的是第二支籤好了，在那當下你可能會直覺「呼！太好了，我只要再撐一年就可以離職了」，抑或是覺得「天啊，還要這麼久……」心中浮現想要現在就立刻離職的念頭；換言之，你可能會因為只剩一年時間而感到慶幸，也可能會意識到要盡快離開的事實，及早為自己準備後路。

值得注意的是，抽籤並非要你真的按籤上所寫的方向做決定，而是要你透過抽籤結果認知自己的真實想法，我們要是在不清楚自己意願的情況下做決定，相信不論選擇A或B，最終都會徒留遺憾。

選擇與決定之間

其實去占卜咖啡廳或算命店，本質上來說也和抽籤的意義相似，我雖然是精神科醫師，但是偶爾也會推薦諮詢者去算命，當時的諮詢者講述他們占卜的內容時，發現他們終於會講出自己內心真實想法。如果算命師總共說了十件事，他們往往只會把自認為最重要的部分挑出來告訴我，也就是把算命當成擋箭牌，藉此傳遞自己的心聲。

「算命師說我今年不宜結婚，要是結了也會離婚。」一名女性不斷對我反覆強調這件事情，其實她內心是想延後婚期的，只是剛好被算命師說中了她想聽的答案罷了。

去算命這件事其實就和抽籤是一樣的道理，都能夠幫助你了解自己真正想要的是什麼，再次確認自己的真實心聲。

現代管理學之父彼得．杜拉克（Peter F. Drucker）曾說，「所謂計畫，就是關於未來的現在決定。」在此，我想要將計畫改為「選擇」，換句話說，**所謂選擇，就是關於未來的現在決定**。沒有人可以為其他人的未來負責，自己的未來只能自己選擇做決定，只要記住這一點，就不可能放棄當自己人生的領導者。

〔＃透過抽籤結果認知自己的真實想法〕

缺乏獨立的意志力

相對剝奪感，難忍的失落感

「我朋友的父母親因為實在看不下去兒子整天遊手好閒，所以拿了一筆註冊費叫他去唸研究所，但是我的父母卻要我自己想辦法賺學費。」

每當有二十世代年輕人向我提出這種抱怨時，我都會反問他們。

「除了那位朋友以外，其他朋友也都是爸媽幫忙出註冊費嗎？」

然後他們的回答幾乎如出一轍：

「家境不錯的朋友甚至還可以出國留學，結婚時爸媽都已經準備好新婚房的也有，但其實沒有父母贊助的朋友佔大多數。」

你的周遭是否也有爸媽都已經幫忙買好車子、房子，連留學費用甚至創業資金也都不用煩惱的朋友？相對剝奪感使你感到委屈或者不公平嗎？不過如果仔細觀察，會發現相對剝奪感的比較對象通常都不是所有人，而是少數特定人士。為什麼要拿自己和那些少數相比呢？

電影女明星奧黛麗．赫本（Audrey Hepburn）就曾說過，「人們總是拿自己和少數幸運的人相比，而不是與不幸的多數做比較，因此變得更不幸。」不要只在意家境優渥的朋友，多看看身邊同儕如何過生活，相信大部分都會發現，自己已經算過得不錯了，切忌與特定少數人士做比較，悲觀看待自己處境，這種想法實不可取。

如果你對這樣的事實已經有所認知，卻還是會受相對剝奪感折磨，那麼我們不妨一同仔細想想，究竟要接受父母的經濟援助到什麼時候？如果都不設定一個停損點，怨嘆父母的心只會無限上綱，所以務必得想出一個標準才行。為此，我們要先認識缺乏的類型，再對症下藥。

從大方向來看，缺乏可分成兩種，一種是缺乏人人都需要接受的「基本照顧（Primary care）」，另一種，則是缺乏可有可無的「次要照護（Secondary care）」。研究所註冊費、留學費、創業資金、結婚費用等，都是屬於次要照護的代表項目。

這些原本都是應該由自己負責籌備的費用，但是在現今社會裡，要是父母沒有贊助，孩子就會認為是缺乏。如果是因為沒有得到這些次要照護的費用而對父母心生怨恨，那麼就等於是完全沒有想要經濟獨立的意志力。

不用著急，但也不能原地踏步

股票投資術語中，有「停損」（Sales Loss）一詞，意指預測股價下跌而將持有股票賣出的決定，是一種設定好股票持有限期進行投資的策略，以管理投資風險為目的。我們在管理慾望時，也需要使用停損策略，「如果不想罹患考試病，就得在三年內見真章」這句話就是最具代表性的停損例句。

唯有設定好截止日期，才會專注在單一慾望上，並且不錯過其他事物的價值。

就算對父母心存埋怨，我們也要以三十歲為停損點改變心態才行，三十歲前或許還可以接受父母的經濟支援，但是在那之後，應該要經濟獨立才對。所謂獨立，並不是指搬出家裡自己養活自己如此狹隘之意，而是以成人身分宣示，未來所需負擔的費用，不再依賴父母支出；就算已經年過三十的你，還在接受父母的經濟支援，也得想成是自己多得的，而非應得的，唯有如此，未來才能夠真正獨立，也能保護自己免於在與他人的比較中感到剝奪，其實到了三十歲前後的年紀，就該停止怪罪父母了。

缺乏的反意詞並非豐饒，而是經驗與成長。要先認知自己不足之處，才會想辦法努力改善，並在過程中透過各種經歷自我進步。如果父母提供全面支援，每當你失敗時都立刻為你收拾善後，那麼會怎麼樣呢？這樣真的好嗎？難道不會失去過程中可以學到的每一件事嗎？

長輩們為什麼會說年輕時就算花錢也得買罪受？因為那些都是未來人生的基石，每個人都會在離家後經歷挫折，沒有人的人生是一帆風順，完全按自己規劃的劇本走，因此，愈早嘗過人生的苦澀滋味愈好，也就是要培養內功的意思。就這樣的觀點來看，我個人認為缺乏才是父母給子女的最好禮物。

缺乏的心理學

現代人都說，窮山溝裡出狀元的時代早已過去，話雖沒錯，但是否某方面來說是因為打從一開始就認為自己不可能，所以結果就真的更不可能。為什麼要連百分之一的機率都不留給自己，這是讓我感到最惋惜的地方。唯有想要成為狀元的人，才會獲得能力感或效用感等心理資源。

最近在網路上經常可見「金湯匙」或「泥湯匙」等用語，但其實接受這樣的概念是十分危險的事情，如果認為人是從出生就註定一切，便會在尚未付出努力之前就自動選擇放棄。

富家子弟無論如何都會成功也是一種錯誤偏見，來我們這裡接受諮商的對象，就有許多是出身事業有成的家庭，他們經常會因為自己的成就不如父母而倍感自責、憂心忡忡。講述財閥富二代人生的韓劇《繼承者們》（상속자들），其副標就寫著「欲戴王冠，必承其重」，他們的人生確實要承擔家庭背景的重擔，而這件事情也超乎你我想像的沉

重。

某某人的兒子、誰誰誰的女兒，從小被別人這樣稱呼其實是很痛苦的一件事，不論走到哪裡，父母親的光環都先蓋過自己，所以如果不想成為父母的影子，就得咬緊牙關出屬於自己的一片天才行。當然，不如父母預期、一事無成的情況比比皆是，對他們來說，成功的反義詞並不是「失誤」或「經驗」，而是「失敗」與「敗北」。

如果不是自己一步一腳印努力得來的，就很容易選擇放手，也就是放棄的意思。接受父母的援助出來創業、在豪華的場地舉行婚宴等，這些人也都有可能失敗，而且還會比憑著自己力量創業、結婚的人，更難從失落中走出，因為那一切都不是以他自己為主體開始進行。所以不要再對自己的條件感到不滿意了，反而應該視為是老天給予的祝福才對。缺乏，會使自己鍛練出克服試煉的「心理肌肉」。

這樣便足夠了

每個人都有父母，即使雙親離婚、躺在重症病患室、還是已經離開人世，每個人都還是有親生父母。

就算你的父母已經離婚，我也希望你不要埋怨任何人。如果父母離異但還是有盡到照顧子女的義務；或者父親退休後母親開始出去工作；抑或是超過一年沒能聚在一起吃飯，卻還是因為一家人而心繫彼此；甚至吵吵鬧鬧最終都還會和好的話，這樣便足夠珍貴。

在父母面前，不論展現什麼樣子都無所謂，父母是不必投入時間、金錢、不必戴上面具，也會讓你免費得到許多好處的自己人。千萬不要怪他們，那會使你支撐自己人生的基底動搖，任何資格、條件都別要求，接受並照顧原本的他們，這樣你的心才不會受傷。

〔#缺乏，會使自己鍛練出克服試煉的心理肌肉〕

人生本來就不爽快

脫離三十歲症候群

在我們父母那個年代，三十歲是需要承擔許多責任的年紀，但是在如今人稱百歲的年代，三十歲只是未來漫長人生的一段過渡期罷了。如果你也有三十歲就應該工作穩定、結婚成家的觀念，那麼不妨先將這樣的既定觀念暫時向後順延，在現代社會裡，至少要到四十歲才能夠打穩人生的根基。

對於人生某種程度來說已經定型的三十世代，他們與二十世代年輕人所面臨的問題是截然不同的。

三十歲出頭的人，還可以選擇去留學、進修、就業、結婚，正因為站在人生的十字路口，選項太多，導致有許多三十歲的女性會開始感到徬徨無助。接下來，我想要藉此機會分享一些關於「如何面對三十世代人生」的小技巧，就算現在的妳還只是二十來歲，遲早有一天還是會經歷三十歲門檻，所以建議仔細閱讀、熟記起來，以備未來能派上用場。

累積妳的生涯經歷

三十歲至三十二歲之間的女性，雖然已經不再是二十世代，卻經常被人當作二十幾歲，如果是已婚女性，可能會被工作和育兒忙得蠟燭兩頭燒；如果是單身女性，則很可能擁有人生中最美好、最幸福的一段時光，因為到了這個年紀，各方面條件都會比二十幾歲時還要好，職場生活也幾乎穩定，應該會滿面春風、充滿自信。

不過在踏入三十歲門檻以後，也開始容易想東想西，畢竟社會經驗已累積許多年，想要離職的念頭也會越來越強烈，尤其是二十幾歲時有出國經驗或者外語流利的女性，更容易罹患「趁早出國」的心理狀態。

面對三十歲出頭想要出國的諮詢者，我會建議他們想想自己的「生涯規劃」，因為如果毫不考慮人生整體規劃，想出國就出國，等於會錯過其他人在那個年紀所經歷的事情，這裡所指的生涯，並非僅指工作，而是指整體人生經驗。

每當三十五歲前後的女性，淚眼婆娑地對我訴苦時，我都不禁感到十分憐惜，因為要是在三十歲出頭就先想清楚自己的生涯規劃，就不會像現在一樣後悔莫及。三十歲出頭雖然是可以做很多事情的年紀，但也是不能漫無目的冒險的年紀。妳是否也有想要趁早挑戰的目標？那會不會是一時衝動的決定？最好先捫心自問一番。

Nowhere ? Now here !

到了三十五歲左右，會有許多女性嚷嚷著想要回去讀書、進修，多數是因為在社會已經累積了一定資歷，也賺到了一點錢，開始有錢又有閒的關係。我個人是舉雙手贊成並支持用這段時間來讀書的，如果情況允許，甚至也可以考慮出國留學，只不過要記住一點，如果年過四十妳還想要留在職場裡，那麼三十五歲並不是一個「為了進修」而離職的好時間點，因為到了那個年紀，往往都是有豐富的實務工作經驗，卻毫無中階管理者的經歷。

我們假定三十五歲時為了進修而離職好了，讀完書回到職場也已經是接近四十歲的年紀了，這時公司對妳的期待就不再只是實務工作者，而是希望妳能以管理者的身分發揮影響力，但是如果妳沒有這方面的經驗，就會體認到一種不同於因為育兒所導致的職涯中斷失落感。

每當有人想要進修而選擇離職時，我都一定會問他們一個問題：「四十歲後還想要回到職場上班嗎？」

如果對方是想要準備投入育兒、研究、演講、創業……等的話，向公司提辭呈去讀書也無妨；但是如果是有打算回職場上班的話，我會奉勸他們最好不要只為了「進修」而停止工作。

煩惱著想要讀研究所或留學的女性前來找我時，我也一定會問她們的「求學目標」

是什麼？不論是為了在結婚市場裡提高競爭力，還是真的有想要進修的課程或領域，抑或是為了拓展人脈等，任何目標都無所謂，我的提問重點是要她們想清楚，必須在有目標的前提下去讀書，如果沒有設定好目標就貿然放下一切重拾學生生活，結果也肯定不會有所獲。

善英小姐是一位有著高學歷，非常認真努力生活而對於自己深感自豪的女子，但是某天，她卻突然跑來向我傾訴，覺得自己一無所獲。這就是在沒有整體人生規劃下，想做什麼就去做的結果。當時我從與她聊天的過程中，發現她的自尊感已經跌到谷底，她認為周遭沒有任何人認可她，如果生活、背景條件、付出的努力無法全面整合，那麼不論多麼努力活著，也會像善英小姐一樣難以獲得自我認可。

當初剛開幕不久的診所終於開始邁入穩定成長時，三十五歲的我，毅然決然放下一切遠赴美國攻讀神學研究所，當時周遭所有人都一面倒地持否定態度。

「妳是為了去當紐約客？」

「診所才剛穩定起步，真的捨得放下嗎？」

要是當初我是因為診所事情太忙碌，想要給自己放個長假，或者真的想要去專心「讀書」而選擇去美國的話，的確不應該去，但那時候的我，早已心理準備好去美國後會有哪些損失。

我是去了以後才發覺自己的留學目標是什麼，通常從神學院畢業都會理所當然走牧師或傳教士這幾條路，但是其實一直到確定去進修前為止，我對基督教的了解程度真的不多，我之所以會選擇去神學院進修，是因為在醫學院期間，只有不斷鑽研大腦與精神世界，反而使我開始對靈性與人文學出現求知慾望。對我來說，神學是一門幫助我培養理解人類的「第三隻眼」學問，這項選擇也是為了讓我達成在年過半百之際，五、六十歲時，仍能以靈性治癒人心的目標。

三十五歲是人生最重要的關鍵時期，若說這時候所做的選擇會左右下半輩子也不為過。要是在關鍵時期沒有明確目標、沒有認真煩惱過自己的未來，不斷用「因為我還在讀書」、「因為我還在準備留學」為理由，度過這段花樣年華，那麼在之後的人生中，風險管理就很可能失敗。如果想要重新讀書，記得一定要有明確目標再採取行動。

〔＃漫無目的的冒險很危險〕

一個人要幸福，兩個人才會幸福

年齡並非結婚的標準

「男人求婚時像五月天，婚後像十二月天。」

這是英國大文豪莎士比亞的名言。女人亦是如此，接受求婚時像五月天一樣燦爛晴朗，婚後則像十二月天一樣寒冷刺骨，因為一旦開始有了「婚姻生活」這個全年無休的職業以後，身心靈就會比單身時來得加倍疲乏。單身時每到週末都可以睡到自然醒，想做什麼就做什麼，但是婚後的週末就會變成地獄，要煮飯、打掃、做家事……，只是工作地點從辦公室換到家裡，要工作的事實仍未改變。

難道是因為如此，才難以見到急著想結婚的女性嗎？「結婚是女人的損失」這種認知擴散似乎也間接發揮了不少影響力。不過如果妳依然對結婚生活懷有憧憬，現在開始規劃也未嘗不是一件好事。唯有一點要注意，千萬不要以「三十歲前要嫁掉」這種年齡設限的方式來規劃妳的終生大事。

我曾以講師身分參與過一個電視節目，和母校學生們一起錄製，我扮演學弟妹們的心靈導師。當時，有一名女同學向我提出了一個問題：

「我該和哪一種男人結婚？」

我像平常一樣回答她：

「雖然挑對象是一件很重要的事情，但其實結婚的時間點也一樣重要。」

通常我們在思考結婚這個議題時，只會專注在「對象」是誰、是哪一種人，但這並不是正確的態度。結婚是要一男一女相遇、戀愛，然後一起進行的事情，為什麼只在乎對方是什麼樣的人呢？在結婚前先確認「我」這個人的經濟條件、心理已有多少準備，不是更為重要嗎？

大部分的女性會選擇聊得來的男性作為適婚對象，所謂「聊得來」，意思就是指兩人的思考方向雷同，能力、知識水準也相當，如果想要確認這一點，就必須得先準確瞭解自己才行。「看男人的眼光」不是從多次的戀愛經驗中形成，而是從確實了解自我中產生。

結婚本就是在經濟、心理方面通通都準備好的情況下，與匹配的人結為連理，而這裡所指的匹配，並非只有指經濟水平，還有包含人生的價值觀以及各種興趣活動，我們將此稱為「聊得來的人」。

如果有一名男子是喜歡運動與射擊遊戲的，那麼最好找一個和自己有同樣興趣的女伴結婚，這樣兩人的婚後生活才會比較順遂，因為可以聊運動相關的話題，使夫妻關係更為緊密，就算偶爾夫妻間出現爭吵，也可以透過運動和解；反之，如果一方是活力充沛的人，喜歡射擊遊戲或飲酒歌舞，另一方則是喜歡宅在家的宅女，兩人的婚後生活很可能就會像安排商務會議一樣，得事先喬好時間才會一起活動。

婚姻之所以會走不下去，其實絕不是因為賭博、暴力等足以影響生活的大事件，往往都是因為芝麻大小的問題爭吵不休，隨著這樣的情形愈漸頻繁，不再有什麼事情足以填補彼此心靈上的隔閡，時間久了，就會做出極端的決定。

各位不妨也回首看看自己，妳的人格是否已經成熟到可以與另一個人生活一輩子？是否覺得自己已經玩夠了，工作也差不多上軌道了？**不是為了逃離父母、自我獨立，或**

者為了逃避現實，而是真的已經準備好想要和那個人展開全新生活嗎？

如果妳還不夠瞭解自己，單純只因為到了適婚年齡就一股腦栽進婚姻，之後需要付出的代價自然會比預期來得多。結婚絕對不是以年齡為基準來決定要不要執行。

假如在一名已經過了適婚年齡的女子面前，出現一位「想要與他談談看結婚事宜」的男子，我會建議「先見家長再談戀愛」，也就是彼此先見過雙方家長以後，再來開始認真談戀愛的意思。

先到對方的家裡見過父母，並向長輩徵求交往同意，「我們會以結婚為前提正式交往，請多多支持我們」，然後與對方的家人經常往來互動，逐漸熟悉雙方家庭的文化及氛圍。透過這樣的方式來觀察對方是在什麼樣的家庭中成長，婚後要共同承擔哪些問題，我有沒有信心一同承擔等，一些現實層面的問題便可事先做好考慮。

渴望也無所謂

如果想要確認自己與對方的關係能否邁向婚姻，不妨試著問問自己以下問題：

「對妳來說，最重要的心願是什麼？」

「這個心願妳已經達成了多少？」

相信第一題的答案每個人都會不一樣，有些人的心願是擁有三十萬韓元的積蓄，有些人則是環遊世界、買一台車送給媽媽等。

妳認為這些未完成的心願會隨著結婚而消失嗎？並不然。婚姻會走向不幸的原因之一正是「心願長期停滯」，從這裡就會衍生出夫妻爭執，以及對婚姻生活的不滿。

如果已經確定好結婚日期，卻對結婚還沒有任何真實感，通常這種女性前來找我諮商，我都會拋出幾道問題，幫助她們釐清自己是否真的要步入婚姻。

「妳是不是還想要讀書、工作，卻突然要走入婚姻呢？」

「妳已經準備好將來只愛這一個男人嗎？」

「妳有辦法只和這一個男人維持性關係嗎？難道不想再多和其他男人試試？」

建議妳最好達成一半的心願以後再步入禮堂，因為光是實現一半，就能大幅降低婚後會後悔或執著牽絆的機率。

最後，有一件事情我一定要叮嚀即將走入婚姻的女性，不要認為結婚一定會獲得經濟上的利益或某些優待，結婚，只是一段結為家人關係的過程，而且這段關係至死方休。

〔#結婚絕對不是以年齡為基準來決定〕

#瘦身
#表象
#風格
#外貌
#自信

3

建立屬於自己的標準

體驗成就感

瘦已經是一種權利

「最近因為突然變胖，害我完全不想照鏡子。」

「可是在我看來妳一點也不胖。」

「才不是呢，我在朋友圈裡是最胖的，甚至路人好像也都在嘲笑我。」

身型高挑、有著美女臉蛋的善榮小姐，是個人人都認為身材纖瘦的女性，但是只有她對自己的身材不甚滿意，老是與更瘦的朋友相比，進行一些不健康的瘦身活動。善榮小姐不斷利用「暴飲暴食後催吐」的減肥方式瘦身，據說身體已經瘦了五公斤，她也坦言雖然會擔心身體健康，但是只要看到瘦掉的體重數字，就會再度暴飲暴食，然後又把吃進肚子裡的食物通通再催吐出來。

今日，我們的社會裡其實有許多像善榮小姐一樣的女性，生活在瘦身減肥的強迫觀念與焦慮不安感之中，她們習慣性地搜尋瘦身相關資訊，模仿嘗試，為了讓自己一輩子都可以當個瘦子而努力不懈。但是激烈的瘦身方法只會讓人馬上舉白旗投降，最後則會出現復胖現象，甚至只增不減。

當這樣的復胖現象老是不斷重複上演，久而久之，自然會產生「我不可能瘦」的挫折感，最終則會被精神上的壓力、憂鬱症、無力感、自責感所困擾，反而更依賴暴飲暴食與過量的飲食習慣。如果觀察開始暴飲暴食或飲食成癮的時間點，便能發現減肥與壓力是主嫌的事實。

一般來說，暴食症患者是喜歡獨自一人吃飯的，雖然吃東西會排解他們的壓力，但是會對自己的行為，亦即「吃」這個行為感到厭惡，所以會不想讓其他人看見那個「厭惡的自己」。暴食後往往腸胃會感到不適，痛苦難耐，雖然只要催吐就能夠緩解這樣的症狀，但是又會再度陷入「最終，我還是吃了那麼多」的自責和懊悔當中。

其實受暴食症折磨的人，通常都是像善榮小姐一樣身材窈窕的漂亮女性，因為暴食症女子會瘦身的真正目的並非想要減重，而是想要在「美麗即是權利」的社會中被愛、被認可，而那份慾望太過於強烈所導致。完全無法調節食慾的人，會為了撫平心中的壓力、憂鬱、煩悶、孤單等情緒而進食，我們必須得先認知她們的心靈已經出現匱乏的事實，然後再進一步協助她們找出原因，並想辦法解決才行。

醣，就像壞男人一樣

食物成癮中最常見的就是「醣中毒」，即碳水化合物中毒。我們可以將醣中毒以「壞男人」做比喻，我們都知道他對我們不好，但是不知不覺間，會發現自己已經開始被他吸引，深陷在他那致命的魅力中，無法自拔；如果沒有他，就會覺得空虛寂寞，雖然周遭都告誡不要和他走得太近，難道想要再度被他傷害，但是就在親朋好友都尚未察覺的情況下，我們已經開始在默默等待他的電話，沒有他就感受不到人生的樂趣。中毒的基本症狀「渴望與戒斷現象」，正是醣中毒與壞男人的共同點。

因為沒吃甜食所引發的情緒起伏等精神症狀，我們稱為「糖憂鬱（Sugar Blues）」，有些人在戒掉吃甜食以後，會出現手腳發抖、注意力變差、憂鬱、無力等症狀，就像戒菸或戒毒品時會出現的戒斷現象一樣。中毒的另一種症狀則是無法自省，我們的身體有自動調節的機能，會在攝取到足夠的養分後發出飽足感的信號，讓自己停止飲食，但是甜食會刺激我們的大腦快感中樞神經，使我們漠視飽足感的信號，反而吃更多，並分泌一種叫做多巴胺的神經傳導物質，產生和吸食毒品後一樣的大腦變化。

壓力大的準考生、常態性加班的上班族等，這些人之中有很多都是整天把巧克力掛在嘴邊，因為隨著大腦活動量增加，大腦會使用血糖作為能量來源，所以自然而然就會提高攝取甜食的慾望。但是如果過度依賴甜食，就會容易變成醣中毒，嚴重甚至會影響大腦正常活動，導致低血糖時反而全身無力。「要吃甜食才會快樂、充滿活力」的飲食觀念其實是錯誤的。

大腦發出的疲倦信號——暴食症

如果觀察那些無法調整自我飲食的人，會發現絕對都不是意志力薄弱的人，反而是給自己太多精神上的壓迫、想要徹底節制的人；換言之，就是不懂得停下來休息。這種人的大腦往往呈現疲倦狀態，如果把大腦比喻成智慧型手機，就等於是一台高性能製成的手機，電力卻已耗盡的狀態。在疲憊不堪的大腦裡，會使其他非血清素的神經傳導物質產生不均衡現象，導致情感與衝動調節難以正常運作。此時，會出現心靈上的空虛感，肚子也會哀嚎需要補充進食。

如果吃完飯後還是一直感到飢餓，就得自我檢視一下「我是因為嘴巴閒不下來所以一直吃」，還是「我現在心情好糟」、「我好生氣」等情緒導致。身體會尋找甜食作為慰藉，或許是表達「我想要休息」的另一種方式，此時，我們需要做的事情是把電源關閉，夜深後記得要關掉使精神與身體過度活動的覺醒開關，並打開睡眠開關才行，因為睡眠對調節食慾荷爾蒙有很深的影響。

各位不妨暫時抬頭仰望一下天空，讓自己沈浸在大自然裡。因為擁有一顆疲倦大腦的人，會大幅降低創造性，共感能力也會下滑，所以不論怎麼講都無法溝通。各位不妨再回顧一下周遭，那些早已被你遺忘許久的人，向他們主動釋出久違的善意吧。吃甜食這個行為，表面上看起來只是一種現象，但其實背後隱藏的內在狀態才是核心。

填補飢餓心靈的菜單

即便是事業有成、已經站上顛峰的女性，也會因為別人評論她穿著的一句無心之語，毀掉一整天的心情。尤其女性是很容易因他人言語而受傷的族群，也很喜歡拿自己與他人做比較，給自己評核嚴苛的分數。如果妳也是容易受他人的一句話而影響心情、態度搖擺不定的人，那麼就該好好徹底檢視自己一番。當妳開始妥善管理自己的情緒，用心傾聽身體與內心需求時，就會再度找回愛自己的那顆心。

所有中毒成癮的治療，第一步都是要先承認。例如：到飲食成癮的地步之前，沒能控制好自己，急於填補飢餓心靈的動機、狀況、孤單、低自尊感等，都要先坦白承認才行。拿掉那些包裝自己的各種頭銜，試著先問問自己：我究竟是誰？

正因為沒有定義好自己，所以才會依照那樣的定義過著錯誤的人生，也因為錯誤人生所帶來的壓力，導致一一出現所有中毒成癮的症狀。

每個人其實都有屬於自己的色彩，我們應該尊重並接受自己既有的樣貌。**按照他人的標準來看自己，是不會獲得任何滿足感的**。一旦恢復自尊感，就不需要過度刻意地讓自己變得積極樂觀，隨著不再因他人的言語而受傷或煩心，荷爾蒙分泌系統也會變得正常運作，最終，執著於吃這件事也會自然消失不見。

當生活奔波勞碌時，記得問自己一個問題：「為什麼我不能享受其中？」人生的成功是來自幸福感，但是如果老是在乎他人眼光，自己就會變得越來越刻薄。幸福是從「這樣已經很棒了」不斷稱讚自己，並停止與他人比較開始。如果妳發現自己一直在大量攝取特定食物，而且已經超出所需程度，那絕對是情緒性進食，不要忘記在那行為的背後，其實隱藏著「飢餓心靈」的事實。

〔#拿掉所有包裝自己的各種頭銜〕

現在這樣已經很不錯

兩張肖像畫

二〇一三年化妝品公司多芬在坎城國際創意節裡榮獲大獎，這要多虧他們辦了一場「描繪真正的美麗（Real Beauty Sketches）」活動，活動內容如下：

一名畫家與幾名女性受試者進行一場測試，他們之間隔著布幕，無法看見彼此的長相。畫家向女性受試者們問道：

「請描述一下妳的髮型。」

「形容一下妳的下巴。」

「說說妳長相的最大特色。」

然後女性受試者們開始一一針對自己的外表作說明，「我的下巴是突出的，有點戽斗」、「我有很多雀斑」、「我的額頭太高，總是困擾著我」，於是畫家按照她們自己的形容，描繪出了第一張肖像素描。

畫完一位受試者以後，工作人員便請她們離開現場，換另一批受試者進場。此時，畫家要求這些受試者簡略形容一下剛剛出去的前一位受試者長相，她們紛紛憑自己看見的樣子進行描述，「剛剛出去的那名女子有著漂亮的下巴」、「她有一雙美麗的眼睛」、「她的笑容很甜」，於是畫家又完成了第二張肖像素描。

參與這場實驗的女性們之後在觀看這兩張素描時，全部都楞住不發一語，因為第一張素描都是鬱鬱寡歡的表情，第二張素描則是陽光開朗的樣子。我們經常用顯微鏡放大自己的缺點，對自己的優點與魅力卻視若無睹，相信這絕對不是僅止於這幾名女性受試者的個案故事。

「自我」也想要得到稱讚

要怎麼做才能夠發現自己的優點與魅力呢？首先，需要練習以客觀角度看待自己，如果覺得難以執行，不妨準備一面全身鏡，只要站在全身鏡前，就能有助於妳客觀看待自己的現況，因為有別於小型化妝鏡，全身鏡可以讓妳清楚看見表情。女人為了確認自己的妝容，一天會照鏡子不下十次，但是往往會忽略掉自己的表情，包括我自己也是，補妝時只會看需要補妝的眼睛或者唇部，所以坦白說第一次站在全身鏡前看自己的表情時，的確感到十分陌生，因為明明看過自己的臉好幾萬次，但照鏡子注意著表情的經驗則幾乎是零。

我們診所裡也設有全身鏡，那是為了讓諮詢者進出時，一眼就能看見自己的身體與心情上的改變所設置，我也會站在那面全身鏡前隨時檢視自己，如果意識到自己的臉色比較凝重，就會站在全身鏡前練習微笑；神色疲倦的時候，則站在鏡子前為自己加油打氣。對我來說，那面全身鏡等於也扮演了正面角色。

雖然很多人都說，完成服裝儀容的最後一哩路在於臉蛋，我卻不認同這樣的說法，我反而認為表情才是完成穿著打扮的關鍵。最容易使人留下印象的，並非臉蛋長相，而是神色表情。比起五官精緻但看上去憂鬱沒自信的人，有著開朗健康印象的人，是否更令你想要一起共度時光呢？

如果經常站在全身鏡前觀察自己的表情，用客觀的角度努力掌握自己情緒，便會發現事實上自己除了有多芬活動中第一張素描肖像的神情，同時也有著第二張素描肖像的樣貌。如果我們一直沒有發覺第二張肖像，只不斷用第一張肖像的樣子度日，是多麼可惜的一件事呢？那麼，我們又該怎麼做，才能夠畫出自己的第二張素描肖像呢？

我們稱「放大自己的優點、縮小自己的缺點」這項心理為「自利性偏差（Self-Serving Bias）」，利用這項心理來對自己施予正向咒語吧，照著鏡子進行會更有效喔！

「我雖然不高，但是比例很好。今天的穿搭重點是突顯比例。」

「瞇瞇眼是我的魅力，所以要盡量多展現笑容才行。」

「被工作累得一臉倦容，毫無活力，不過還是有在慢慢成長進步。」

光用嘴巴說的愛不是愛，對自己的愛也是同樣道理。如果妳一直都只有在稱讚對方，卻漠視自己不管，還有什麼事情是比這樣的態度還要悲哀的呢？記得，你的自我也想要獲得稱讚，最好親口告訴自己有哪些優點，並時時刻刻給予稱讚，久而久之你的魅力一定能發揮更大力量。

注意，有一件事情千萬不能忽略，客觀看待自己時，不要忘記身體健康和心理健康是同等重要的事實。

身體行動，心理就會微笑

站在全身鏡前運動也是找回自我魅力的好方法。身體與心理是密不可分的關係，當身體生病無法隨意行動時，我們會感到憂鬱，這就證明身心是相連的。

如果感到心情低落，就一定要動動身體，憂鬱症不是「精神疾病」而是「全身疾病」。因此，光是活動身體就能夠有效緩解症狀。如果沒有空閒可以特地空出時間來運動，至少也要維持伸展身體的習慣，只要連續做一個禮拜的伸展操，相信就能體認到身體明顯變輕盈的感覺。

運動或伸展時，最重要的一點是要在鏡子前進行，透過伸直雙臂、彎腰拱背、伸展雙腿的過程，觀察自己的身體產生哪些變化，光是這樣就會對心理產生治癒效果，甚至還能體驗至今從未有過的感覺——「愛自己」。

〔#為什麼一直稱讚別人，卻漠視自己？〕

衣櫥裡掛的是你的自尊感

你的穿著會說話

那些來我們診所一年以上的女性諮詢者，我自然會觀察到她們的穿著打扮，根據我的經驗，狀態逐漸好轉的人，不分季節，穿著會變得越色彩繽紛，算是另一種表達情緒愈漸康復的信號。因此，我經常會用她們的穿著打扮來作為預測心情好壞的線索。

「上衣沒變，看來是對所有事情都感到厭煩。」

「穿著顏色越來越明亮，看來有逐漸好轉。」

世界上絕對沒有「隨便」買衣服的人，有些人可能會衝動購買，但每買一件衣服，背後都是有理由的。例如，心情好所以買了一件亮色洋裝，但是隔天穿上以後發現自己身材變胖，於是再添購了一件黑色套裝。每一件衣服都帶有一段故事或當下情感，**如果拿出衣櫃裡的十件衣服，發現心情好的時候所添購的衣服較多的話，就表示你是自尊感偏高的人；反之，則需要開始找出壓力來源並進行自我管理**。

現在不妨就馬上打開衣櫥看看，掩飾身材的衣服較多，還是展現身材的衣服較多？鮮豔明亮的衣服較多，還是暗色系較多？把心情好時採買的衣服以及心情不好時採買的衣服數量比較一下，那麼便能瞭解自己通常都是在什麼的情況下添購衣物。

衣櫥裡隱藏著現實與理想的差距

既然打開了衣櫥，不妨再多確認兩件事。

第一，從未穿出門的衣服有幾件？雖然這又分成：當下試穿完覺得漂亮，但買回家以後發現其實不怎麼好看而一直躺在衣櫃裡的；以及好不容易下定決心購買，但是穿上以後反而沒有自信走出門。如果妳有許多供奉在衣櫥裡的衣服是屬於後者，那麼就表示你是「現實與理想差距」較大的人，熙珍小姐就是如此。

熙珍小姐其實有很多衣服，但是每次回診時，永遠都只穿那件灰色運動服，那件運動服其實也暗示著她一直活在過去，而非當下。

「如果我穿不適合的衣服出門，就會覺得好像每個人都在看我，所以我覺得好看的衣服都只會在家裡穿。」

雖然熙珍小姐是這樣向我解釋的，她把原因歸咎於自己比較內向的性格，但其實更大的原因在於現實與理想的差距。

通常會被她供奉在衣櫥裡的衣服，都是屬於高單價的名牌衣物，這樣的舉動意味著她內心裡的「自我」，還沒有從過去父親事業輝煌、家境富裕的童年時期抽離。

熙珍小姐不只是在穿著方面，飲食、旅行、日常等所有面向上，都傾向用童年時期的生活水準來過度消費。然後再陷入信用卡帳單付不出來的破產窘境，使憂鬱症變得更為嚴重，最後只好來找我諮商。如果現在，你的衣櫥狀態和熙珍小姐相似，記得要好好思考一下該如何克服現實與理想的差距，唯有克服這之間的落差，才能夠接納愛惜目前當下的自己。

別當透明人

你認為挑衣服、煩惱穿著是根本不重要的事情嗎？絕對不是。

「天氣正在換季，還是多帶一件針織外套了。」

「週末要參加朋友婚禮，買一件洋裝好了。」

懂得適時、適地選擇合適穿著的人，心理往往是健康的。相信各位一定都有過毫無動力、鬱鬱寡歡，連洗頭髮的力氣都沒有的經驗，那就是最佳證明。**假如還有精力去煩惱到底該穿什麼，就表示你的人生還很健康**。

許多女性坦言，逛街購物時會需要有同性友人一同陪伴，最近甚至就連年紀超過三十五歲的女性，也會覺得自己一個人挑衣服、買衣服是一件尷尬彆扭的事情，因為她們往往熱衷於累積工作經歷，很多人都還未真正主導過自己的人生，就匆匆過了三十歲門檻。至少，自己要穿的衣服要能自己決定、挑選、購買才行，要是不由自己來選擇，就會由別人替妳做決定。當不斷上演這樣的情況，就會越來越失去以自己為主體做決定的能力，甚至習慣性地把決定權交給他人，並感到更為方便。但是這樣的結果會使妳漸漸從屬於他人。因此，至少從現在起，自己要穿的衣服自己挑吧。如果現在不做，就不知道何時能做了。

有著自我風格的人

法國時尚設計師伊夫．聖羅蘭（Yves Saint Laurent）曾說：「時尚會消逝，風格即永存。」

從這句話便可看出，時尚與風格是兩種不同概念。時尚，泛指服裝、包包、飾品等「物理性的」東西統稱；風格，則是從肉體性的美，到情感、靈性等融為一體的概念。時尚指的是變漂亮的外表或身材，風格則可說是從裡到外美的結合。

有著自我風格的意思是，從肉體上的美到精神上的知識、感性等，統統都有達到完美組合的狀態，為了展現這樣的狀態，我們必須得先有經驗與知識，知道自己在什麼樣的狀態下會散發光芒，如果對自己的整體理解度不夠，建立自我風格就會淪為紙上談兵，雖然這不是一件容易的事情，但是切記！**比起只有在一段時期時尚的女人，我們更應該成為隨著歲月流逝更有自我風格的女人。**

〔#自行挑選適時、適地、適情況的穿著打扮〕

妥善利用瑣碎時間，因為時光稍縱即逝

追求再多也無所謂的一件事——幸福

哈佛大學裡有一堂非常熱門的課程，每年都會吸引數以萬計的學生前來聽課，那堂課叫做「幸福學」。由此可見，人們其實非常看重幸福這件事，但吊詭的是，現代社會仍有很多人無法享受當下，彷彿集體說好不要變幸福。

幸福究竟是什麼呢？我個人認為，幸福是一種可以使你享受活著的力量。**為了變幸福，你需要有感恩每一瞬間都活著的餘裕、不苛責自己的決心、不給自己打低分的包容力**，這三者之中，沒有一項是容易的。但是就算如此，我們也還是要不停努力，因為愈努力的人就能變得愈幸福。幸福終究不是來自好學歷，也不是進入一流企業上班就能夠獲得的。

在此，我想要介紹一種非常簡單就能變幸福的方法，也就是所謂「儀式計畫（Ritual Project）」。原本 Ritual 照字面上來看是儀式、宗教禮儀的意思，但我想將這個單字的概念，轉用成「使心靈變幸福的儀式或遊戲」。許多人都會以為，要動用到非常了不起的方法，才能夠改善因「作態行為（Mannerism）」所引發的憂鬱症，但是其實光是靠小小舉動，就足以擺脫掉那樣的低潮感。

舉例來說，如果早上不想上班，不妨放下手裡的咖啡，試試改喝茶也不錯。放下咖啡選擇符合你當下狀況的茶包，找一個漂亮的杯子泡茶，再慢慢喝茶，這樣的行為活動可以使你產生更想要珍惜那一天的心理。像這樣自行建立了一個小小儀式以後，未來就會因為想要進行這項儀式而不再拖延每一天的開始。

另外，把興趣活動或約會活動安排在一週之中壓力最大的日子，也是有效緩解生活壓力、讓自己喘口氣的好方法。我們其實會從微不足道的小事中找到動機，並感受到莫大的幸福。

「儀式日（Ritual Day）」

光靠規劃自己的時間，就能夠把人生變幸福。「每月一次」或者「每週一次」，定期性地去一趟美術館或高檔飯店的咖啡廳如何？在寧靜悠閒的美術館裡欣賞畫作，其實很容易回過頭來觀察自己；去到飯店裡也會看見與自己身處不同世界的人，對於自我成長也會有勉勵效果。

我認識一名醫生，他會在每一季買一張機票然後再取消掉，因為他很想出國玩，但是礙於醫院工作實在太過忙碌，導致經常有假卻不能休。據說他每次只要訂妥機票，心情就會一直很好，直到取消機票為止，換句話說，「買機票」這件事情成了那位醫生每一季都會做的一項固定儀式。

- 父親節、母親節寫卡片給爸媽
- 中秋節和家人一起過，但過年要自己去旅行

・每週日運動，每一季送自己一段「有意義的時間」作為禮物

確認一下自己的年度行事曆，然後標示出「儀式日」，當設定好幾種儀式以後並身體力行，久而久之那些儀式就會不自覺地成為人生的一部分。

從此時此刻開始幸福

下班回家路程中也非常推薦為自己安排一趟小旅行，也就是儀式計畫裡的活動項目。這裡說的小旅行，指的是從公司下班改由步行回家。當一整天的工作壓力沒有經過釋放宣洩就直接回到家中時，就算到家也會無法好好放鬆休息。我們需要在職場與住家之間安排一座「橋梁」，而小旅行就是再適合不過的橋梁角色。

我也曾經對每天只有往返醫院與住家的生活感到厭倦，而一整年都步行回家，執行過一段時間以後，甚至愈來愈愛上那段走路回家的時光。徒步走回家其實可以看見截然

不同的街景風貌，映入眼簾的不再是與前方車輛的距離，而是上下班通勤族的表情，以及時下年輕人的穿著打扮。除此之外，還能知道從醫院回家的那段路新開了哪些店鋪、哪個路口的綠燈會提早亮等，可以對住家周遭環境瞭若指掌。

可是你的公司離家很遠，根本不可能走路回家嗎？別擔心，我自有方法，只要在到家前兩站左右，提早下車走回家即可。如果你是住在漢江附近，不妨讓自己散步二十分鐘左右走回家；如果住家附近有操場，繞一圈再回家也是不錯的方法；或者乾脆去附近超市、賣場走一趟，採買一些生活用品也不賴。

下班時的短暫小旅行，其用意在於讓自己脫離一成不變的生活，轉換一下心情，如此脫離日常的小小改變，也能夠為我們帶來幸福。

其他儀式計畫也是一樣的道理，如果已經對自己設定的儀式感到厭倦，不妨偶爾刻意跳脫既定儀式、脫軌進行其他儀式也可以，相信這樣的方式一定會讓你感受到史無前例的自由與解放感。

〔#小小的儀式，能夠換來大大的幸福〕

世上沒有完美的起點

歡呼、稱讚、鼓勵

一、不要執著於那些被拍醜的照片，想要一直維持在帥氣完美的狀態，只會使自己更痛苦，那些不完美的照片才會成為回憶。

二、脫掉高跟鞋，穿舒適合腳的鞋子才會有快樂的外出活動。

三、不要害怕自己一個人。

四、不必為每一件事情都擬訂計畫，試著享受不確定感所帶來的刺激。

五、不必把所有缺點都隱藏起來，因為那也有可能是你的特色。

六、設定一些不切實際的標準也無妨，尤其是關於「愛情」方面的事情。

七、披薩與薯條是上天賜給我們的禮物，減肥瘦身並非人生的全部！

八、沒事做的時候只穿內衣在家裡打滾也是一種幸福。

九、偶爾可以讓自己借酒壯膽一下。

十、不要去理會他人的性生活。

以上是好萊塢女明星珍妮佛．勞倫斯（Jennifer Shrader Lawrence）給自己設定的「自尊感十誡」，我對於其中「不必刪除不完美的照片」、「缺點也可能是特色」這幾點印象非常深刻。雖然她年紀輕輕，卻清楚明白追求完美只會使自己感到疲累的事實。懂得接受那些不完美，努力愛自己的她，在我眼裡十分美麗動人。

最近與友人交談時，會感受到大家有志一同地都以完美主義為志向，彷彿某部經典巨作裡寫有「打從開天闢地以來就有所謂完美」這句話一般，令人百思不得其解。**完美主義有兩種，一種是設定好目標，讓自己不斷努力朝目標邁進的健康完美主義；另一種則是如果達不到完美，就寧願在開始前選擇放棄的病理性完美主義。**前者雖然正面多於負面，後者卻是在尚未開始前就先杞人憂天，浪費掉所有精力，是一種極無效率的習慣。

執著完美主義會帶來過度擔憂，「還沒準備好，所以不能開始！」等於是被自己困住，躊躇不前。任何事情都很難在一開始的階段就準備周全，正因為設定了難以達到的目標，自然難跨出那第一步。像這樣的擔憂，會使你在面對可以充分挑戰的課題時，卻舉棋不定，網路上經常可見的「全拋世代」用語，正是那些面對挑戰無法鼓足勇氣者的的心情寫照。

這世上或許有完美的結局，但絕對不會有完美的開始。起點原本就是一無所有的。因此，就不可能是完美狀態。唯有在朝目標前進的過程中，才會慢慢創造出完美結局，有所收穫；完美的開始並不會創造出有始有終之美。

我們無法與緊握拳頭的人握手

大部分的完美主義者，會打從心底認為只有在自己最完美時才受人喜愛，等於是完美主義與渴望被愛的慾望互相抗衡，轉而藉由完美主義來展現。他們會擔憂要是對方發現我的「缺陷」，就不會再愛我；換句話說，完美主義其實也是一種「對缺陷的潔癖」。

難道真的要完美才會受人喜歡嗎？試問自己，我真的希望身邊只有充斥著完美的人嗎？相信不會是肯定的答案。人們偏好與儘管吐露真實心聲也不會感到羞愧的對象談話，也就是可以使自己卸下心防、多少有些缺點的人，最令我們感到舒適自在。

如果你也同意我的說法，現在就是要實現「思行合一」的時候了，試想「自己想要成為的樣子」與「我想要交往認識的對象」是否一致，答案自然呼之欲出。如果你因為想要獲得大家的關心與愛待而追求完美，但是你個人卻對不那麼完美的人感到放心自在的話，最終，實在沒有必要以完美為目標。人們會對謙遜上進的人感到有魅力，對已經擁有一切的人則毫無興趣。

學習愛自己的方法

我曾經讀過一句話「沒有人學過如何愛自己」，這句話說得非常貼切，有多少人能明確定義「愛自己」這句話呢？相信不論多麼聰明的人都會難以對此下定論。然而，我們需要不斷努力學習「愛自己」的方法，因為愛自己是邁向幸福的第一步。

任何人只要學會如何愛自己，就能夠幸福得更長久，因此，不要再用那些「不好的想法」折磨自己，找出愛自己的方法吧。「要先愛自己，才能愛他人」這句話，是解開所有人際關係問題的大前提。

在此，我想和各位分享一個愛自己的小技巧，就是找出屬於自己的寶石。你也在為家庭經濟情況苦惱，每天做兩份工作，甚至埋怨自己的父母嗎？每當有這種朋友來找我傾訴時，我都會這樣告訴他們：

「你靠著自己的力量賺錢，還用那筆錢來我這裡接受幫助，真正窮苦的人是連去醫院的力氣都沒有，你那刻苦耐勞的毅力是用錢都買不到的寶石呢。」

大部分人都不知道自己具有什麼樣的珍貴寶石，正因為沒發現埋藏在地底下的原石，所以才會以為根本沒有，甚至認為其他人都有寶石、珍珠，只有自己一無所有而感到失落無助。處於無力感的狀態其實與回到母親子宮裡是一樣的，也就是沒有辦法靠自己的力量做任何事情，因此，要是再有這樣的感覺時，記得試著找尋自己的內在寶石。

〔#沒有人學過如何愛自己〕

#關係

#FRIENDS

#朋友

#評價

4

世上所有人際關係都有法則

一個人的態度會勝過經歷

不要當一隻自以為聰明的狐狸

拜託不要當一隻自以為聰明的狐狸，只在想要討好的對象面前阿諛奉承，看見其他前輩則是連聲招呼都不會打，或者找遍藉口故意缺席同事聚餐，在辦公電腦上大喇喇地開著社交軟體聊天等；抑或是直接跳過中階主管，親自向部門主管報告，以上這些行為都是職場裡的大忌。雖然不至於會被搬到檯面上來訓斥，但是都會成為負面評價的根源。

我有聽說現在的社會新鮮人，會從第一天進公司就想辦法避開前輩，也會預先設定好面對不同前輩要展現出不同態度，如此勢利眼、耍心機，依照對象更改態度的招數，其實是低招中的低招，難道真的如此天真地以為前輩們會不知道嗎？那妳就大錯特錯了，因為他們也有眼睛，只是沒有戳破罷了。

再怎麼沒出息、沒能力的前輩，也絕對都有把新人玩弄於股掌間的功力，因為他們擁有「既得權」，公司前輩們都是已經擁有權力的人，當然懂得如何運用權力，只要被他們認定為「這傢伙才剛進來不久就想動歪腦筋」的新人，相信我，這種人的前途只會被撒鹽巴，絕對不會有人撒花的。尤其你的直屬主管很有可能會比其他主管來得更險惡，至少千萬不能讓自己的直屬主管對你有「耍小聰明的狐狸」這種印象，光是注意這一點，在公司裡工作就能夠順利許多。

懂得問好的人有更多機會

你知道職場生活中最可怕的是哪句話嗎？「聞一知十」。

這裡的一，是指第一印象，這句話之所以可怕，是因為光憑「第一印象」就斷定一切的緣故。因此，努力擁有「足以判斷十點的那一點」是無比重要的，而沒有什麼是比向前輩們問好更適合提升良好的印象了。

日前我受邀去演藝經紀公司，為歌手練習生們進行諮商，當時我才得知，原來他們第一堂課不是學跳舞也不是學唱歌，而是學習如何向前輩們正確打招呼。換言之，也是在教育這些年輕新秀們，好的評價才會帶來好的機會。

你認為向人問好根本沒什麼大不了嗎？在韓國社會裡，打招呼問好幾乎等同於一個人的人品。不分對象是誰，見人就大聲問好，這種人在任何人心中都會留下正面印象。如果你認為打不打招呼都無所謂的話，不妨換個念頭把它當成儲蓄的概念，累積自己向人問好的良好印象，因為誰也說不準那些累積的印象最後會在何時何地派上用場，或者變成助自己一臂之力的最大功臣。

分辨可以改變與不能改變的事情

俄國大文豪列夫・托爾斯泰（Leo Tolstoy）曾說：「你若討厭一個人，你的人生也會出現與那份情感相同大小的缺口。」他為什麼會用人生產生缺口的方式來表達呢？因為人只要一旦開始討厭某人，那份厭惡的程度就會急速擴增，最後將會左右自己的人生，使其搖擺不定。一開始或許只是「笑一笑就能帶過的厭惡之情」，但是到後來，會膨脹到連自己都難以控制的地步。

相信只要是職場上班族，心裡都一定會有三四處缺口，尤其因對方言語而受傷的經驗一定占最大比例，即使是相同話語，昨天與今天聽到的感受一定會不一樣，這就是人心。

在職場生活中因聊天所導致的心理傷害不能全部怪罪於一人，**說出那些傷人話語的人有一半責任，將其放大解讀的人也有一半責任，雙方各自都該負一半責任**。

「我不曉得為什麼課長永遠無法分辨什麼事情可以插手、什麼事情不該插手，好歹這份工作我也做了七年。」

對自己的工作能力非常有自信的美玲小姐，快被凡事都要控制的課長搞得喘不過氣，一個對自己的實務能力非常有自信，一個則是有強烈管理監督慾望的主管，可想而知出問題時一定會擦出可怕的火花。

「課長有什麼優點呢？」

面對我的提問，美玲小姐猶豫了老半天才終於回答。

「責任感很強，所以不容許我們被其他部門主管欺負。」

「課長是控制慾強的人」如果只有這樣單方面思考，就不可能找到理解他的方法。我稍微轉移了一下她的注意力，請她看看課長是否也有其他優點，試著為她找一個情緒的出口。

「看來課長的缺點會使妳感到痛苦難耐，但有時候這項缺點也會起正面作用。妳要不要試著想像一下，如果今天有一位和他性格恰巧相反的主管，也就是給予下屬充分自由，但是當底下的人被其他部門欺負時，完全不會出面袒護的那種主管，又會造成什麼樣的局面呢？」

這在心理治療領域稱「Break Through」，亦即**「想通了，路就通了」**的意思。雖然我們並不會因為認知到對方的優點，其缺點就會消失不見，但是至少擁有較為平衡的觀點，還能期待減少動怒的頻率。

該選擇領導者還是被排擠者？

在職場，人人都喜歡聰明能幹的人。除此之外，大家也喜歡容易一起合作、人際關係良好的人。如果你動不動就生氣發火，那麼是時候該檢視一下自己的身體與心理健康了。如果總是過著忙碌、被時間追趕的生活，身體一直感到疲累或難以入眠的話，儘管只是芝麻蒜皮的小事，也很容易影響心情。記得，如果你經常生氣，務必要讓自己適度休息。

如果能看見一整片森林，一棵樹的意義會變得微不足道，職場生活也是同樣的道理：一兩位喜歡整人的主管、討人厭的同事，並不代表職場生活的全部。

他們只是森林裡的一兩棵樹罷了，這就是為什麼要你看見整片森林的原因。一旦具有宏觀的眼界，就會選擇收起厭惡對方的心理，心想「討厭他也沒用，又不能不跟他一起工作」，不知不覺不再那麼在乎對方。**討厭人其實也像愛人時一樣，需要熱情與能量，減少過多的在乎感與厭惡感，相信對職場生活會有很大幫助。**

人的問題千萬別想著靠人解決，應該要把注意力放在自我成長上才對，當焦點轉移時，才會減少因人際關係糾紛所引發的疲勞感。就如同大問題解決以後，小問題也會自然消失一樣，如果對職場生活有無比堅定的意志，那麼職場裡的那些小事自然就不再使你感到心煩。

職場裡有此一說：男人會從一群人中選出領導者，女人則會選出排擠對象。男人重視解決問題，他們相信職場輩分的垂直關係會使解決問題變得更為容易；女人則是盲信水平關係與好感，好感對女人來說是像命根子的東西，所謂選出排擠對象，並非意指女人心胸狹隘或品德不佳，而是指女人對難以產生好感的人敏感度較高的意思。

在歷經長年累月的職場生涯以後，個人認為相較於好感，追求實質利益的男性職場生活方式更為實際。男人不論主管性格多麼狂妄自大，甚至搶走部屬的成果，都一定會先選擇投誠再說，因為比起一時的情緒，他們更在乎日後在公司裡的成果及發展，所以會選擇以退為進的策略。在職場中，或許有一件事是比人際關係更為重要的，那就是為自己接下來的日子理收拾好情緒，光是處理好這一點，任何人就都能成為職場生活裡的高手。

〔#你若討厭一個人，你的人生也會出現與那份情感相同大小的缺口。〕

瞭解「人際關係模式」

瞭解自己的「關係傾向」

各位可曾聽說過「理友」一詞？或許你會認為，友情又不是理財，但是其實我們也要懂得投資管理朋友，空一些時間出來給朋友，關心對方最近是否別來無恙，一起歡慶共度佳節，就算是凌晨也要聆聽朋友訴苦等。

家長們都會要求子女要和品學兼優的孩子做朋友，但是孩子們不會以此來決定是否要和對方當朋友。友情是一種相互吸引，要有拉力才會想瞭解彼此，並且想要一起共度時光。鮮少有人是懷有意圖交朋友的，因為一起玩樂時的自在感與歡樂感，是無法光憑意圖就能獲得的。

朋友之間的關係也存在著既定模式，如果你好奇自己是屬於哪一種人際關係傾向，試著觀察重複選擇的朋友類型便可略知一二。例如，「原來我喜歡幽默風趣的朋友」「原來我喜歡低調的朋友，相處起來會讓我感到輕鬆」，像這樣找出妳的朋友們都具有哪些共同特質。有時候，妳的好朋友也可能都具有「缺乏」的特質。相較於擁有一切、在幸福家庭中長大的朋友，如果你更容易對有所缺乏的人感興趣，就表示你的認同慾望較為強烈，很可能屬於被人需要時會感到有安全感的類型，也就是想要由你來主導關係之意。

朋友關係是一面鏡子，可以從關係中看見「另一個自己」，從朋友身上找到自己缺乏的部分或者想要擁有的魅力等，心靈受到補償的作用。尤其對於正值探索自我時期的二十世代女性來說，友情是和愛情同等重要的課題。

與閨密知己鬧翻的二十世代女性，往往在接受諮商時都會忍不住淚流滿面，因為失去了一名深交多年的好姊妹，說不難過是騙人的，她們甚至會覺得過去的回憶也通通不再美好，所以心如刀割。

心理安全距離的必要性

友情裡也會出現單戀的情形，也就是一方付出更多心力，更喜歡對方，要是雙方喜歡彼此的程度有較大落差，甚至還會出現投入更多感情的那一方開始執著於這段友誼的現象，也就是為了填補自己心靈上的空缺而不斷要求對方也要同樣喜歡自己。這種人往往會追蹤對方的社群網站，觀察對方和其他朋友們都在哪裡見面聚會，愛吃什麼美食等，不想錯過任何枝微末節的資訊。隨著觀察的資訊越多，執著感也會越加強烈，就算與對方見面，也會因為覺得自己付出較多而想要無理取鬧。像這樣的情形其實已顯示你們之間的友誼開始亮起紅燈，但因為自己沉浸在各種胡思亂想的世界裡，導致無法自覺友情已悄悄生變。

慶熙小姐同樣也有過這樣的經驗，一名從十幾歲時就是莫逆之交的友人，因為覺得慶熙小姐實在太黏她而感到窒息，最後不得已只好撕破臉、徹底絕交。

慶熙小姐將近有半年時間對好友的絕交耿耿於懷，走不出這件事情所帶來的打擊。

其實慶熙小姐並不是對所有人都如此執著，與其他人相處時，反而經常扮演關係的主導者。那麼為什麼慶熙小姐唯獨只對那位朋友窮追不捨呢？答案是因為她只在那位朋友面前展現自己最真實的一面，而且對她掏心掏肺、毫無保留的緣故。

對於女人來說，素顏是另一種生理需求，就好比不想被人看見自己上廁所的樣子是一樣的道理，赤裸裸的素顏也不會想被人看見，在還沒有充分把握認為對方會喜歡最原始的自己的情況下，根本不可能展現自己的素顏給對方看。能夠毫無保留、坦誠相見的對象，往往只會有少數一、兩位左右。

就連男朋友都比較常看見上妝後的自己了，可想而知能夠大喇喇展現素顏的好姊妹自然是無比珍貴的對象。雖然擁有不必戴上面具也能自在相處的對象是非常重要的一件事，但是如果你們之間的關係失去平衡，就會像慶熙小姐一樣悵然若失。

停止對他人執著的方法

兩人之中有一人更希望能有親密感所導致的衝突，我們稱之為「雙方衝突」。舉例來說，我自認我們的關係已經夠親密，所以開始口無遮攔，想說什麼就說什麼，向對方掏心掏肺、毫無保留，但是其實對方並沒有如此看重我，沒有把我放在同等重要地位，於是引發衝突。

「我把妳放在心中非常重要的位置，為什麼妳卻對我有所保留？」

「妳和她都可以一起去三清洞，跟我卻連林蔭道都無法走？」

「因為我們是世界上最要好的朋友啊。」

當你開始會脫口而出這些話時，記得要觀察一下對方的表情，友情最忌諱的就是「我們是好朋友，所以妳一定要幫我」、「喂，我們之間連這種話都不能說嗎？」像這樣單方面要求對方一定要配合的態度。這樣的態度很容易使對方感到壓力，一開始可能還會基於友情勉強配合，但是如果一而再、再而三地要求，這段關係就會面臨崩壞危機。

如果想要在不侵犯對方主體性的範圍內改善關係，眼前當務之急就是「設定界線（Boundary Making）」，不只是朋友關係，親子關係也需要懂得尊重彼此界線，儘管這在凡事講求「情」字的韓國社會裡，是一件非常不容易的事情，但我們仍需重視這件事。

每次只要有這方面困擾的女性前來找我諮商，我就會建議她們先試著把人際關係進行分類，並定義那些關係。實際進行方法如下，取一張 A4 紙，把 FRIENDS 的字母依序垂直寫下，然後再依照各個字母所代表的意涵將朋友進行分類。這之中字首 F 是其他 RIENDS 關係類型的最終目標，試著在紙上畫一個圓，並填入 Free 這個英文單字，這代表認同朋友們也是自由個體的一種宣示。

FRIENDS
Free 接受我的其他友人，成熟的關係
Remember 共享回憶的朋友
Inner Circle 有著共同興趣的朋友圈
Every 最要好的朋友
Needs 可以互相幫助的朋友，婚喪喜慶朋友
Development 一同成長的朋友，社會朋友
Sometime 一年只見一、兩次的朋友

「Free」是位在最上層的概念，其下面畫上六個圓圈，分別填入符合 Remember、

Inner Circle、Every、Needs、Development、Sometime的朋友姓名即可。人際關係其實嚴格來說也是需要分散投資的，不能失去的對象只要一位便足夠，你需要一年只見一、兩次的朋友，也需要自己就算不出席也能維持關係的活動聚會。唯有如此，才能在和經常連絡的朋友產生糾紛時，不至於感到焦慮恐慌，能夠沉住氣耐心等待。要是對一個人太過依賴，妳們之間的關係最終也不會健康地永續下去。

〔#友情裡也存在單戀的情形〕

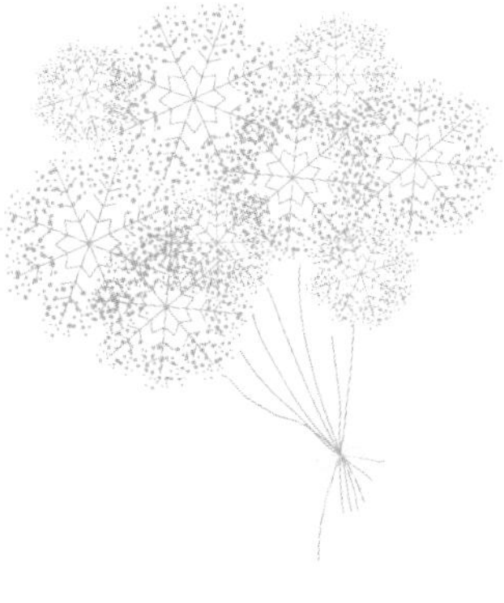

如何使人想再與我見面

興趣的轉換期

英國牛津大學的一組研究團隊，從總體人口中抽樣年輕族群的通話量進行分析，結果顯示人類在二十五歲時是人生中擁有最多朋友的時候，二十五歲之後則傾向重視朋友的「質」大於「量」。這是一項非常具有說服力的分析。

隨著年紀漸長，朋友的概念也從無時無刻都想要膩在一起，轉為就算無法深度交流、也想要一起共度時光。換句話說，不會再把對方當成是專屬於自己的朋友，會意識到對方有自己的生活，是某某人的主管、同事、女兒或妻子等。因此，過了三十歲以後，往往會開始思考這樣的問題：「世界上是否存在友情這回事？我身邊有多少位真正可以稱得上是朋友的人？」

對女人來說，三十歲正好是二十世代篇章的完結，三十世代篇章的開始，我稱這個時期為「興趣的轉換期」，因為隨著注意力從「關係」轉移至「工作」以後，就會大幅降低「對朋友的需求」。現在這個時代，不是只有男性會認真工作，女性在職場上想要有一席之地的慾望也絲毫不輸男性，這也意味著職場裡所遇到的同事或夥伴關係，其價值變得比以往更為重要，而與過去的朋友則關係日漸疏遠。

二十幾歲時，在決定任何事之前都會想要詢問身邊好友的意見，因為那個時期的我們，缺乏自行做決定的判斷力，往往會把擁有不同經歷的三五好友聚集起來，就算無法給予實質上的幫助，只要陪我一起煩惱思考，就足以獲得勇氣與力量。但是在邁入三十歲之際，會開始具備自行做決定的能力，因為年過三十以後，就不再像二十幾歲時那麼需要和自己擁有相似資源與頭腦的朋友了，取而代之的是和興趣與成長資源相似的社會朋友交流，把生活重心放在與這些朋友的相處上。

如果說**認識多年的知己主要是共享過去回憶，那麼和社會朋友則是一同分享現在與未來的點滴**。

三十、四十世代是一生中生產力最高的時期，比起過去回憶，自然會更重視自我成長。因此，我會建議各位，**最好把「可以分享過去」和「可以分享未來」的朋友看得一樣重要**，朋友不見得一定是只有老的好。

選擇與被選擇

「二十歲的容貌是與生俱來的，五十歲的容貌是自己決定的。」

這是二十世紀引領女性時尚革新的法國時尚設計師——可可．香奈兒（Coco Chanel）的名言。每次只要接觸到關於她的資料，我總感到她的人生中永遠夾帶其他人的故事，可見香奈兒的人生中，其他人對她影響有多大，尤其是她的好朋友米西亞（Misia），更是她人生中不可或缺的重要人物。

米西亞與香奈兒是在一場派對聚會中相識而成為好友的，米西亞很早就發現香奈兒極具潛力，在她成名前就開始扮演無私奉獻的大樹角色，把巴勃羅．畢卡索（Pablo

Ruiz Picasso）、尚．考克多（Jean Cocteau）等文化界人士介紹給香奈兒認識。

你的身邊是否也有一位像米西亞這樣的朋友呢？如果要尋找答案，就必須先回答以下問題：你是否扮演過像米西亞這樣的角色？答案如果是肯定的，相信你身邊一定也會有這種朋友；而如果答案是否定的，也沒有必要感到挫折，因為從今天起，你也先當朋友的米西亞即可。

為能和社會職場上結識的朋友維持友好關係，首要條件是「施與受（Give & Take）」要明確才行，這並不是要你從對方那裡獲得了某些好處，就一定要回饋給對方同等代價，而是提醒你，儘管面對平時愛好付出的朋友，也千萬不能認為對方是「本來就喜歡付出」，甚至無禮對待。不論對方財力多麼雄厚，甚至是億萬富翁，這世界上都不會有任何一個人是生來為別人付出的。

有時不妨靜下心來思考一下，「我是個能提供什麼好處的人」？不論是幽默風趣、善解人意、用心傾聽等情緒方面的好處，還是購物資訊、美妝技巧都無所謂，假如你在職場工作，有利於職場生活的訊息或技巧，也都是屬於可以提供給其他人的好處。天生我材必有用，每個人都會有一項屬於自己的才能，將這樣的才能運用在交友上也是一種智慧。

調配施與受的比例是維持關係的祕訣。香奈兒如果一直只有單方面接受米西亞的幫助，會有什麼樣的結果呢？相信兩人的關係一定不會像流傳至今的故事內容一樣友好。米西亞是從香奈兒默默無名時就開始全力支援她，香奈兒則創造了「No.5」這款香水，用來紀念她的摯友米西亞。兩個人都真心期盼彼此可以飛黃騰達，並且致上最高的謝意。倘若妳身邊也有好幾個這種交心的知己，相信我，儘管年過五十，妳仍會有著一張美麗容顏。

不要變成關係採購者

現代人越來越傾向只和對自己有利的人認識交往，在我看來，這樣的方式也未必不妥，因為年輕時期本就應該想盡辦法廣結善緣、拓展人脈，而且關係的種子可能會在一年後開花，也可能是十年後才開花，何時何地會需要這些人脈的幫助，沒人能說得準。不過切記，如果只想著從關係中獲得果實，那就是相當不成熟的態度。

只要不是傻子，不會有人想對愛占自己便宜的人一直釋出善意，如果只用心經營對自己找工作、累積經驗有幫助的朋友，就會容易缺乏共感、體貼、理解等情緒方面的支持，這些情緒上的支持，在交友關係中是最為重要的因素。能夠交換就業情報的對象，是屬於「**可替代緣分**」，也就是不一定非對方不可的意思，但是當你面試落榜後心情低落時，能夠為你送上一句溫暖安慰的朋友，才是「**不可替代緣分**」，千萬別忘記這個事實。

最近出現了一個叫做「Frienemy」的新用語，係由「朋友（Friend）」與「敵人（Enemy）」結合而成，如實呈現了現代社會裡亦敵亦友的朋友關係，十分貼切。要是彼此符合利害關係，就是朋友；不符合就會立刻轉身背對彼此，不再是朋友。甚至有研究結果顯示，只有天晴時才是朋友（fair weather friend，亦指酒肉朋友）的人，高達百分之五十。

儘管有一半的友情是虛的，我卻不想只用悲觀角度來看待這樣的現象，因為總不可能和所有認識的對象，都是「掏心掏肺」的朋友吧？就是要有那些擦身而過的緣分，才會懂得對常伴在左右的緣分更加珍惜。

〔#調整施與受的比例〕

有時，日常比人生更艱難

家人是關係的集合體

家庭的英文單字「Family」藏有一個有趣的意涵，聽說這單字就是由「Father And Mother I Love You」的字首組合而成。

然而，現實生活中一家人和睦共處、相親相愛的情形並不多，反而多的是一家人互看彼此不爽。那麼，怨恨家人的厭惡之心，到底該如何宣洩釋放？

我們會和戀人起口角，也會討厭每天都得碰面的職場主管，面對家人當然也不例外，並不會因為有血緣關係就想法一致。

集合了爸媽、兄弟姊妹、自己，如髮絲般錯綜複雜的情感，就是家庭，這是一個很難避免衝突發生的環境。我們身在其中，互相傷害，交流負面情感是理所當然的事情，我們得先承認這點，才能避免把家庭造成的傷害，轉嫁給其他家庭成員或自己來加重懲罰。

這世上沒有任何一段人際關係是只交流正向情感的，就算有，那樣的關係也不會持久。家人是無比珍貴的，但是我們不能阻止產生「情感的不純物質」，嚴格來講，其實恨也是愛的一種，因此，我們也需要有討厭家人的勇氣。當你能和家人毫不隱藏地交流各種喜怒哀樂、愛恨情仇時，就會對彼此產生更難分難捨的真摯情感。

每當我在聆聽諮詢者訴說自己的家庭矛盾時，很多時候都會覺得「對家人懷有的純潔意識」反而加重了當事人的自責感。尤其來找我接受諮商的人，多數都不是屬於我行我素的個性，而是容易因他人受傷的那種類型。因此，我通常會把重點放在協助患者盡可能卸下肩上的擔子。

「我們也要懂得善待自己，討厭家人也無所謂，因為一旦拿掉家庭的框架，其實就是一個人際關係的集合處，怎麼可能每天都幸福美滿、和樂融融。」

最親密又最遙遠的關係

當心目中的理想父母與現實父母差距愈來愈大時，就會產生想要更換父母的心願，佛洛伊德稱這樣的心理為「家庭羅曼史（Family romance）」，恩希小姐就是為此所苦的諮詢者。

「我朋友的家境十分富裕，爸媽也感情融洽，反觀我爸媽，他們倆雖然會一起吃飯，但是已經分房八年多了，好希望我的家庭也可以像朋友家那樣。」

「哪有毫無問題的完美家庭呢？只是妳沒看見他們的問題罷了。妳的爸媽雖然分房睡，但還是有一起吃飯啊，光是這樣就已經算是和睦家庭了。」

「不好意思，我不是很認同您說的這番話。」

「那是因為妳出生在這個家庭裡，人本來就不容易看見自己擁有的，妳現在可能還無法體會，因為妳只想著擁有朋友那樣的家庭，但是很可能有其他人也在羨慕妳的家庭呢。」

我要告訴恩希小姐的只有一件事：不要對家庭抱有不切實際的幻想。**許多因家庭而痛苦難耐的人，往往並不是家庭真的很不幸，而是對和睦家庭有過分幻想所導致。**

我們把少數百分之十的人生當作是平均（Norm），然後開始討厭自己看似未達平均的人生，這樣並不合理。只要不是每天都生活在家庭暴力下，或者有每天都以淚洗面的家人，彼此保有適當距離的家人關係其實也屬於幸福家庭。

傷害是相對的

你也在為父母全力支援其他兄弟姊妹，給他們滿滿的愛而感到既羨慕又忌妒嗎？明明都是爸媽的孩子，為什麼只有哥哥姊姊享有各種福利，我卻只遭受冷落呢？其實疼愛不足是問題，氾濫也會成問題。有時候，過度會比缺乏更辛苦，他們一定也同樣懷著某些傷痛，只是你不知道罷了。

雖然最近的社會風氣已經擺脫過去重男輕女的概念，更偏好生女兒的新生代父母比比皆是，但是其實這樣的風氣也才剛盛行不久，是近幾年才轉變成這樣的。現年二、三十歲左右的人，他們的父母幾乎是偏好兒子的最後世代，或許也是因為如此，許多這年紀的女性會怨聲載道，相較於哥哥或弟弟享有許多福利，自己卻一無所有。希晴小姐也是屬於這樣的案例。

「凡是哥哥提出的要求，媽媽都會無條件答應，對女兒卻經常冷落疏忽，因為她說女兒養大了終究還是別人的。」

希晴小姐表示，最近家裡為了哥哥想要離家獨自生活的事情搞得人仰馬翻。哥哥今年三十五，他寧願放棄爸媽的經濟贊助，也不想再當被父母綁架的乖兒子。

「我不知道原來哥哥那麼痛苦。」

「缺乏愛固然是問題，但是溺愛也會造成心理傷害，因為會那份愛會變成沉重負擔，令人窒息。或許妳不知道，哥哥接受了父母的經濟支援，卻也失去了自我。」

既然過去是不幸的，未來難道還要繼續不幸嗎？

我們傾向只站在缺乏者或被迫者的立場述說傷害，對於被溺愛綁架、無法隨心所欲按自己意願行動而心靈受傷的人則置之不理。

「我很討厭哥哥，同樣的事情我需要講十次父母才會考慮答應，哥哥卻可以不費吹灰之力直接取得。」

「可是希晴小姐可以做自己真正想做的事，這都是因為有哥哥在扮演代替媽媽實現心願的木偶角色。」

如果說希晴小姐被剝奪的是「父母親的疼愛與照顧」，那麼像哥哥一樣被過度保護的一方，被剝奪的則是「自我成長的機會」。被過度保護，表示父母親的控制慾太強，在這種家庭長大的孩子，會缺乏活出自我的自由。在韓國，通常是家中長男或長女比較容易承受這樣的壓力。得不到愛的孩子至少還有名正言順的理由耍叛逆，但集萬眾寵愛於一身的孩子要是突然叛逆，就會淪為天下第一不孝的子女，等於是連叛逆的資格都沒有。

希晴小姐的哥哥應該也會需要付出和他所受支援同等的代價，如果無法達到父母親的期望，就得一直承受不孝子的罵名。從小就一直以父母心願為第一優先的他，遲早有一天會想要逃離他們的魔掌，意識到自己不能再繼續這樣為他人而活。

儘管如此，我還是認為像希晴小姐的哥哥一樣突然宣布離家獨立生活是不妥的態度，問題並不在於他背叛了父母，而是因為如此極端的生活轉變對當事人來說也會產生致命的傷害。

不論過去的成長之路你受過長輩多少疼愛，如今既然你已成人，就必須在情感面獨立自主。父母終究不會有任何改變的，但是我們可以靠意志力改變自己被父母親影響的程度，累積屬於自己的經驗、鑽研自己的領域，這正是兼顧家庭關係與自我成長的健康獨立之道。

〔#缺乏固然是問題，但過度也會成問題〕

不一定要和母親相處融洽

妳和母親是分開的個體

近年來，女兒脫離母親獨立的時間點比以前延後了十年左右，不論未婚單身還是已婚生子的女性，許多人在心理層面仍舊過度依賴母親，這樣的現象也造成「母女戰爭」頻頻，倘若這是時下趨勢，我們就有必要找出「如何與母親和睦共處」的方法。

五、六十歲的母親與二、三十歲的女兒，彼此生長在截然不同的時代，想法觀念自然會有落差，要是一致，反而才奇怪。正因為彼此的成長背景不同，相處時難免會有摩擦，但是很多女兒會因為覺得自己不能對媽媽這樣而自責難過。

誠如聖經中所提及，「你們作兒女的，要在主裡聽從父母，這是理所當然的」，但是為何要忽視下一句話呢？「你們作父母的，不要惹兒女生氣」，別忘了還有這句話：「你們要以成人對成人的方式彼此尊重。」

如果說母親是自從懷上胎兒的那一瞬間起產生母愛的話，女兒則是隨著年齡增長，逐漸產生「對母親的愛意」，也就是認為要無條件愛媽媽、順從媽媽。但是當這樣的愛過度滿溢時，就會開始對自己所做的一切感到自責，然而，這對人生毫無助益。

相信我，世上所有女兒都會不斷地和媽媽爭執又和好、和好又爭執，因此，千萬不要因為與媽媽關係變差就責怪自己。愈是貼有乖女兒標籤的女性，愈會因為與媽媽的關係變糟而影響到自尊感，而降低的自尊感在人際關係上也會帶來許多問題，需多加留意防範才是。

試著讓自己接受「母女關係不合才是正常」的事實，打破對親子關係的美好幻想吧。然後請發出聲音來朗讀以下這三句話。

「我和母親是分開的個體。」

「和媽媽吵架也無妨。」

「不一定要和媽媽相親相愛。」

親子之間也需要保持禮貌

「不一定要和媽媽相親相愛」這句話，千萬不要片面解讀成「儘管和媽媽處得不好也沒關係」，我寫這句話的用意是希望妳不要把媽媽當成神，媽媽也是人，也要對她保持禮貌的意思。

不久前，我與大學學妹聊天時講到：

「我在外面時，媽媽會一直奪命連環call我。」

「那是因為妳在外面待到太晚的關係吧？」

「可是時間到了我自然會回家啊，幹嘛一直打來煩我。」

「媽媽何其無辜，她根本不知道要等妳到什麼時候，有時候我們對父母也要懂得遵守基本禮貌，不是嗎？」

引發母女衝突的原因之中，頻頻發生的便是「失聯的女兒與等待的母親」這一項，不論妳已經二十歲還是四十歲，在媽媽眼裡，妳依然是她的寶貝女兒，需要親眼看妳回到家她才能安心。媽媽往往會擔心許多事，包括妳在外面都做些什麼事，自己住外面是否有吃飽穿暖，和男友是否發生過性關係等；因此，我們做女兒的，其實是有義務使母親安心的。

光是傳一封簡訊或打一通電話報平安，媽媽們就會感到無比安心，要是覺得羞於親口對母親說這些話，那麼改用簡訊或通訊軟體留一封簡短訊息也是另一種方法。

「媽，我最近在做這些事，都還滿順利的，請您放心。」

相信妳會明顯感受到妳在母親心裡的地位提升，像是從「不靠譜的女兒」轉變成「可以放心鬆口氣的女兒」。

我們總有一天也會為人母

「我絕對不會活得像媽媽一樣！」

女兒與母親爭吵時，很容易不小心脫口而出這句話，但其實這是一句不能輕易說出口的話。被親生女兒否定自己的人生，其遭受的心理打擊與傷害，是遠遠超乎妳想像的。

如果想要安慰母親，請試著改用以下方式來說說看。

「我也想活得像媽媽一樣，但是我沒有自信像您一樣犧牲奉獻，我真是自私不懂事的女兒，對吧？」

就算不是發自內心，也希望妳可以姑且一試。因為對於媽媽來說，一定也會和妳一樣需要家人安慰、被家人認可。

就像這世上沒有完美女兒一樣，母親同樣也不完美，她們也需要透過屢屢失敗或犯錯，才會不斷學習成長。儘管平日與母親有爭執，也不要太過自責，不論妳說了什麼，母親都不會輕易改變。只不過，妳得試著用**「媽媽是這種女人」的觀點，以成人對成人的方式面對她**，相信這樣的方式會使妳與母親之間的糾紛不再愈演愈烈。

傾聽母親的時間

韓國電影《人魚公主》（인어공주）是一部描述二十多歲女子娜英，為了找尋離家

出走的父親前往濟州島，無意間與二十多歲時的母親相遇的故事。電影中母親根本不知道娜英就是未來的女兒，毫無保留地向她傾訴心聲，娜英聽完「母親的告白」以後，終於可以理解母親為什麼會有現在的人生，甚至突然察覺原來母親也和自己一樣只不過是個「女人」。我們何不也像娜英一樣，讓自己能有一段時間好好與母親靜下心來促膝長談，聽聽關於母親的人生故事呢？

我們會和好姊妹聊上好幾個鐘頭，與母親卻連十分鐘都搭不上話。有些人甚至不僅一天聊不到十分鐘，一輩子都未必能聊到十分鐘。「傾聽母親的時間（Listening time for my mom）」正是基於這樣的意義而來的處方。

「外婆是個怎樣的人呢？」

「媽媽年輕時喜歡哪一位歌手呢？」

「第一次和爸爸約會時感覺如何？」

「媽媽最喜歡吃什麼？」

一開始母親可能會感到不習慣，但是隨著聊天次數增加，妳一定會**慢慢看見母親回到少女般的樣子**。透過這樣的聊天過程，妳會發現就像自己原來沒那麼瞭解自己一樣，原來女兒也不全然瞭解媽媽，這對於治癒「從母親那裡得不到愛的缺乏感」會有莫大幫助。**愛，本就是從努力瞭解對方開始萌芽，建議對媽媽也試著努力看看**，當妳想要對母親有所瞭解時，對母親的愛意也就會悄悄增加。

我們可以對母親發牢騷，也可以起口角，但是不論如何，都不能忘記她的出生並非為了成為「我的母親」，她只是「現在」是我的母親罷了。

母親年輕時也經歷過女兒們的煩惱，有時候我們也得把媽媽當成是女人來尊重看待。就算平時母女關係欠佳，也有充分機會維持圓滿的親子關係。

〔#愛是從努力瞭解對方開始萌芽〕

別錯把「父母的問題」當成是「自己的問題」

「接納」也是需要練習的

一旦家裡發生問題，所有家族成員的人生進度就會停擺延宕。而這對於家中二十多歲的年輕人來說更是致命傷，因為同儕們都在以跑百米的速度趕人生進度，但要是只有自己以一半的速度前進奔跑，就業、戀愛、社會經驗等，那個年紀該內化的經驗價值就會變得需要耗費加倍時間，等於是每次在追趕著就業、戀愛等進度時，都要經過「家庭問題」這道關卡，這對於未來需要爭取更多機會的年輕人來說，自然是致命因素。

倘若妳也因目前的家庭問題而苦不堪言，建議不論在線上或私底下，都給自己一段潛水期，短至六個月，長至兩年左右，當妳擁有一段讓自己沉澱的時間以後，就會對外部刺激的敏感度降低，對人生速度也不再那麼敏感焦慮。這樣的方式並不是叫妳漠視家庭問題，而是讓自己充分承擔。

如果只有自己過得好，忽略家裡問題的話，自尊感和價值感都會受到影響而下滑。因為我們要是漠視家庭，只顧自己快樂，很難幸福得坦蕩。希望各位可以進行「儘管痛苦也要試著接納」的練習。

別把父母的「過錯」當成是自己的「傷痛」

「我一輩子都只知道埋首工作，所以和兒子的關係不是很好，但是他還是很乖，從我經商失敗以後到東山再起總共耗費五年多時間，他都願意默默等我，當時我感受到兒子是真心讓著我的。」

年歲已高的一位爺爺，來到我的診療室裡，對我說了以上這段話。後來那位爺爺離開以後，「真心讓著我」這句話還是徘徊在我耳邊，揮之不去。做子女的通常會抱有「我的父母絕對不能失敗」的想法，我們年幼時，父母都願意為我們把屎把尿，耐心等待我們哪天能戒掉尿布自行上廁所；但是我們做子女的，往往是一刻也不願等待他們，不想承受父母親退化、跟不上時代的事實，因為會對自己的人生立即造成困擾。誠如我們會做傻事、犯錯一樣，中年父母也會經歷相同的挫敗，因此，子女也應該給父母一段時間，讓著他們，直到他們度過那段成長之痛為止。在得出這樣的結論以後，我便能有自信地對那些因父母生意失敗、退休而苦惱的年輕人說：「世上所有子女總有一天都會面臨因父母而產生經濟、心理方面的壓力，只是每個人遇到的時間點不同罷了，無人能倖免。就如同當年父母親等待你長大、百般呵護你一樣，現在你也是時候該為他們這麼做了。」

為了真心接納這樣的事實，就得先有「我的父母是不完美的、他們會以不成熟的狀態度過餘生」這樣的心理準備。人並非到了五、六十歲就會知道這世上的一切，父母同樣也會需要透過犯錯進而成長學習，他們只是年紀比較大一點的「大孩子」罷了。你得先承認這樣的事實，才不會把父母的過錯當成是自己的傷痛。

守護自我人生的方法

演出電影《羅馬假期》（Roman Holiday）的世界知名演員奧黛麗・赫本（Audrey Hepburn），在大螢幕外更是廣受好評與愛戴。但是對於兼具外貌、演技、善心等一切看似完美的她來說，也有一段難以啟齒的家族史——她父親是曾經參與猶太人大屠殺的納粹黨員。她的父親深怕自己的身分會對女兒帶來不利，所以過著隱姓埋名的隱居生活。但是就在一次因緣際會下，得知父親真實身分的奧黛麗・赫本，反而不顧一切馬上飛到父親所在的愛爾蘭療養院去看他，因為不論他是納粹黨員還是戰犯，事實上都是無可取代的家人。

這對她來說會是一個容易做出的決定嗎？相信絕對不會容易。奧黛麗・赫本之所以走遍全球各個角落進行各種救援活動，我想一定也多少帶有想要替父親贖罪的心情。奧黛麗・赫本選用了成熟的防禦機制「昇華」，不僅斬斷了容易被人拿來大作文章的「納粹家庭」小辮子，也守住了她自己的人生。

每一條隧道都有出口，不論多長，終究還是會走到盡頭、迎向光明，雖然這中間的過程可能不會那麼的順心如意，但是如果現在的你是站在隧道裡，也要懂得接納黑暗才行。這世上沒有任何一個家庭是從來沒有被陰影籠罩過的，反正黑暗只是突如其來的不速之客，我敢打包票，這段時期的成長一定會比妳一輩子的成長來得收穫更多。

〔#用心體諒父母的成長之痛〕

#愛
#悸動
#戀愛
#分手
#性

5

愛情是允許受傷的

自我尊重的最低原則

精神能量（psychic energy）

「戀愛是年輕人的職業，但光談戀愛也會成問題。」

每當我說這句話時，十位女性中有八位都會瞪大眼睛充滿疑惑，普環小姐也是其中之一。她在六個月前才剛和交往五年的男友分手，最近輾轉得知前男友要結婚的消息，使她備受打擊，罹患了暴食症。雖然你可能會認為，「只不過是分手而已，居然會得暴食症，會不會太誇張？」但是對於普環小姐來說，為了這位前男友，要她放棄辛苦準備兩年半才考上的公務人員資格也在所不惜；當為了守住這段戀情，時她因任職地點被分發到其他城市，就選擇自動放棄工作。

「反正我又不是真的非當公務員不可，接到要去其他城市上班的消息之後，第一個最讓我放不下的就是男朋友，不過似乎就是從那時起，我開始變得很黏他，只要有一點點覺得受委屈，就會對他大發雷霆。」

普璟小姐就是因為過度使用了精神能量，導致最終失去了愛情、工作與健康的案例。「psychic」的字面上意義是指超自然的現象，無法用邏輯做說明的心理能量，會不會就是我們所說的「愛情」呢？所謂精神能量（psychic energy）是指，想擁有對方、與對方相處在一起、想把自己送給對方的那種精力；不論走到哪裡，都只注意到對方，聽到與對方有關的音樂，也會自動面露微笑的那種現象，這些都是精神能量在作祟的證據。

不要讓現在式的愛情變得一無是處

每個人都會經歷為愛所苦的時期，然而，曾經有過一段「轟轟烈烈」的人，容易錯認平淡的愛就不是愛的傾向。他們會老是想要嘗試痛苦的愛情，我們稱此為「偏好（Neigung）」。所謂偏好是指，心往一邊傾、偏向於一方的意思。

雖然現在是連談戀愛都奢侈的時代，還是有許多女性會幻想擁有一段炙熱的愛情，她們不斷催眠自己：「會有更好的男人在等著我」，或許也是因為如此，多數女性儘管已經有了男朋友，還是會為自己保留一些餘地。愈是想要追求濃烈愛情的女人，或者曾經有過那種愛得火熱的愛情經驗者，愈會容易騎驢找馬，等待更符合自己期望的愛情出現，因為那些愛得死去活來的記憶，會使現在的愛情變得一無是處。

千萬別想著「一定會有比他更好的男人」、「一定會有更愛我的男人」，也就是不要把目前在戀愛中感到缺乏的部分，靠未來某個未知的男人來補償妳的意思。比起二十幾歲時談一場轟轟烈烈的戀愛，更重要的是經歷過一段健康的戀情。記住，**不是愛得要死要活才叫做愛情，追求極端的愛情對於往後的戀愛只會增加困難度**。

擺脫「戀愛中毒」的方法

戀愛過程中，什麼時候戀愛力量會達到最高潮？答案是：戀愛初期。兩個人剛交往時，會想要多了解對方一點，也會因對方的一句話而被迷得神魂顛倒。愈是迷戀這種愛情的人，就愈容易談短期戀愛，每一段頂多只維持三個月左右。**這樣的戀愛模式並不是出自於妳有多愛對方，而是因為可以嚐到被愛的滋味而談戀愛，我通常會稱這樣的現象為「戀愛中毒」**。

要是從未有過一段維持較長時間的戀愛，會造成什麼樣的問題呢？儘管出現適婚者，也很容易拱手讓人。只談過短暫戀愛的人，會習慣在一個月或者三個月等短時間內把所有魅力統統展現完畢，換句話說，一旦戀愛時間拉長，就會進入緊急狀況，完全不曉得該如何維持長久關係，建立互信關係。

嚴格來說，戀愛也是一種人際關係，在每一對關係中都有不同模式。因此，我才會不斷叮嚀，最好要經歷過真正健全的戀愛模式，如果想要遇見不錯對象，就得有談過不錯戀愛的經驗。

每當我遇到投入在極端戀愛的女性，我都會勸她們暫時先不要去談戀愛，為能讓自己日後擁有一段高品格的戀愛，首先要先有一段戀愛空白期，再來是利用那段期間重新檢視省察自己的戀愛方式，透過自我管理提升自尊感。談過一場健康戀愛的人，不會輕易選擇跳入下一段感情，因為他們從過去經驗得知，比起擁有一段戀愛，選擇一位可以補足愛情格調、交往深度的對象更為重要。要是你的戀愛經驗一直都屬於速食戀愛，那麼建議妳現在還是先放下談感情這回事吧。

「曖昧對象」所帶來的心理層面利益

美國作家大衛．塞德里（David Sedaris）把人生比喻為「煤氣爐」，人一生中有各種煤氣爐，包括愛情、友情、親情、休息、健康、工作等，為了成功，必須得關掉其中一到兩個煤氣爐才行。

而在這之中，尤其以愛情是擁有最強火力的，因此，戀愛期間自然會關閉其他煤氣爐，這就是為什麼很多人只要一談戀愛，就會疏離朋友或家人，失戀後則對健康與工作造成具大影響。總結來說，要能兼得愛情與成功，或者愛情與關係等魚與熊掌兼得，是幾乎不可能的事情。

因此，我對大家所謂的「曖昧」是持正面態度的，有些人會負面看待曖昧對象，認為他們只是「在關係中消極的人」「只想曖昧、不想負責的人」，但是對於一談戀愛就會使生活中其他大小事一團亂的人來說，曖昧對象反而能發揮良好功能，尤其在現如今需要處理的課題多如牛毛的環境下，要是全神只貫注在愛情上，人生會很容易失去重心。

在這苟延殘喘的現實中，只追求愛情是毫無生產性、建設性的，為了打開愛情這具煤氣爐，很有可能變成隨意找個對象交往，也就是「為了戀愛而戀愛」的意思。

想要談一段轟轟烈烈的戀愛，表示準備要放棄自己的世界之意，懷有這樣的心願也未嘗不可，因為沒有嘗試過，自然會對此懷抱憧憬與希望。但千萬要記住這一點：「很會談戀愛」絕對不是指和許多高人氣的男性交往過，或者男朋友從未間斷過，而是指懂得打造出一同成長進步的愛情關係。

〔#不是只有濃烈的戀愛才叫愛〕

使你的心更堅強、也更明確的力量

在愛情裡也需要一點勇氣

一項研究結果顯示，韓國的未婚男女，每十名就有一名是「母胎單身」（代表從生下來到現在從未有戀愛經驗的人）。雖然在媒體上都會把母胎單身描述成某些部分有缺陷的人，但是其實在我實際接觸過的幾位母胎單身者，很多都是極具魅力的，其中也不乏寧願選擇自己一個人，也比和某人在一起來得自在的類型，個人認為實在沒有必要把自己選擇的單身生活視為是一種問題。但如果是具有談戀愛的內外在條件，渴望戀愛卻遲遲沒有對象的人，那麼這或許就會是個問題。

如果是因為白天忙於累積各種人生經歷，晚上還要打工兼差，所以成為母胎單身的人，就要切記這句話：**你不是缺乏愛人的能力，只是缺乏愛人的勇氣**。因此，不要認為是自己不夠好，試著練習理解愛的本質、接納它吧。

用心認識對方VS用腦認識對方

許多年輕人會選擇用聯誼的方式來讓自己脫離母胎單身，但愈是對戀愛沒經驗的人，愈會有以結婚為前提認識的傾向，如果打從出席聯誼的那天起，就得評估對方適不適合做為終身伴侶的話，會有什麼樣的結果呢？相信前去赴約的步伐一定會很沉重，在現場也無法充分享受、投入在與對方相處的感覺當中。

近來，有越來越多人把戀愛對象當作終身伴侶在慎重挑選的趨勢，不只面對工作職業，就連戀愛也明顯傾向保守、選擇安定。

如果你也是屬於這種類型，希望你能以「不一定要成為伴侶，認識一個不錯的朋友也不錯」的心態，來安定面對異性的忐忑不安。私心愈重，身體與心理就愈沉重，魅力只有在自己覺得舒適自在的狀態下才會展露無遺，對方同樣也會在你處於這種放鬆狀態時感到有魅力。

在正值談戀愛的年紀以結婚為前提認識異性，其實很容易產生「不協調的悲劇」，因為對方的外貌、魅力，以及背景條件，都是同等重要的因素。

三十至三十五歲之間的女性也經常嚷嚷著想結婚，但理想型卻設定成姜棟元或趙寅成那樣高富帥的男明星，這就是所謂不協調的悲劇。現在，不妨問問自己，是否也營造了一場不協調的悲劇，要是得出的結論是想要和極具魅力的男子談戀愛，那麼就要選擇使妳心動的對象，好好把握，這樣才不會在出現另一名更適合結婚的對象時，感到後悔莫及；反之，如果得出的結論是想要一名終身伴侶，那麼就要選擇儘管不會使妳小鹿亂撞，但各種條件都符合妳，足以託付終生的那種對象。

就像春、夏、秋、冬會依序到來一樣，戀愛與結婚也是有順序的。「省略掉所有戀愛過程，一次就成功邁入婚姻」是幾乎不可能的事情，有過幾段戀愛，才能深刻體會「原來我要結婚的對象是這種男人」，並且只要符合這樣的標準，就算他長得其貌不揚，也會願意與他廝守終生。

就算感到麻煩、畏懼，也一定要愛過一次

「有太多條件好的男生喜歡我，害我不敢談戀愛。」

假如有一名女子，因為上述這樣的煩惱而單身十二年，妳會相信嗎？其實如果自尊感過低，是充分有可能的事情。閔慧小姐就是這樣的案例。其他人是想盡辦法要和條件不錯的男生相約見面，閔慧小姐卻是把那些向她告白的優秀男性拒於千里之外，原因是恐懼呈現真實的自我。

她深信著要是對方看見真實的自己，就一定會離她而去，這樣的信念老是使她裹足不前，不敢跨出那一步。

閔慧小姐向我坦承，她沒有勇氣向對方展現真實的自己，因為「真實的自己」與「對方眼中的自己」是有很大差距的，但是我會認為，倒不如乾脆讓對方看見這樣的差距，才有機會發覺原來是自己想太多，儘管對方看見真實的你，也依然愛你的事實。

「如果妳選擇放棄這些愛情，那麼就等於是把機會拱手讓人，為什麼要把好好的一盤菜讓給別人呢？」我建議她不妨就選擇鼓起勇氣一回，不要自行決定有無被愛的資

格，不要在還沒開始前就選擇逃避，這對愛情是不尊重的。每當我遇見像閔慧小姐一樣面對愛情會舉棋不定、躊躇不前的女性諮詢者，都一定會對她們說以下這段話：

第一，愛本就是不完整的。

世界上沒有任何一份愛情是安定的，其他人的戀情看似一帆風順、毫無問題，其實他們也都有為愛所苦的時候，只是妳沒看見罷了。

第二，雖然愛情失敗會使妳受傷，但是放棄愛情同樣也會使妳受傷。

妳以為不愛就不會受傷嗎？才不是。放棄妳應得的愛情所承受的傷痛，是比掩飾自己的傷痛所得到的安定感，高達兩倍以上之多。談戀愛也是二十幾歲時一定要上過的成長課，要是在這個時期沒能談過一場真正的戀愛，隨著年紀愈大，自尊感就愈容易下滑。

據說透過戀愛經驗所獲得的成長，幾乎與我們一生的成就相當，這是不能放棄戀愛的另一個理由。沒有什麼比談戀愛更能提升對自我的熱情，當這樣的熱情不斷燃燒時，就等於是在愛自己。妳也想透過談戀愛使自己重生嗎？相信我，愛情是世界上最能夠賦予成長動機的情感。

〔#愛情本來就不完整〕

把性愛當成是一種哲學

妳的房事還順利嗎？

不久前，我看到了一則有趣的新聞報導，標題為〈今年春天，你之所以還是「單身」的十個理由〉，其中，有一段內容寫到：

包含美國佛羅里達大學在內共五間大學的研究團隊，針對六千五百名受試者進行了一份問卷調查，主題是關於「想要和情人分手的原因」，在這項調查中，他們把無法持續戀愛的原因稱作「deal breaker」，結果顯示，受試者們的回覆中，十項有四項都是與性議題有關。

第一名，不整潔的外表
第六名，無法給予性滿足
第七名，缺乏自信
第九名，性慾低落

第一個映入我眼簾的是第九名的性慾低落，因為最近確實有越來越多情侶為此感到困擾，雙方性慾的需求相去懸殊，性慾較為低落的一方會覺得對方好像只是為了和我上床而交往，心裡很不是滋味；性慾較為高漲的另一方，則認為每次好像都要用討的，對方才會勉為其難答應，實在有失自尊。此外，對性生活頻率無法達成共識的情形也屢見不鮮，這就是為什麼大家都說，「婚前也得先看看兩人的房事合不合得來」。

情侶之間的性冷感

昭熙小姐在過去短短一年內，換過三名交往對象。就在她與第三名男子戀情告吹以後，她來到了我的診療室。

「對方這次又有什麼問題呢？」

「我又不是什麼國家文化遺產，到底是有什麼好守護的？我實在受不了他完全不碰我，所以我先把他甩了。」

「可是，妳希望每一段感情都能愛得水深火熱，不會覺得很累嗎？」

「當然累啊，但是我想要趕快結婚，如果要趕在三十歲前結婚，不是要多交幾個男朋友試試看嗎？」

「如果妳想結婚，不是應該要找有心想成家的男人交往嗎？」

「我明白您的意思，但是我是很重視房事合不合得來的人。」

見過昭熙小姐以後，我深刻體悟到現今女性已經變得相當具有主體性，許多女性會因為性愛問題前來向我求助，她們雖然不想成為「不矜持的女人」，但是也不想壓抑自己的性慾。通常因這種問題前來諮商的女性，年齡層大約落在二十至二十五歲左右，由此可見，現代女性初嚐禁果的時間點大幅提前，也有深受性開放的文化影響所導致。

「戀愛初期，我們一週會有幾次性關係，但是隨著交往時間變長，有時甚至一個月連一次都未必會發生。」

吐著類似苦水的女性們，都有著一個共同點，那就是比起肉體發生關係的次數減少，她們更怨嘆男方不再把她捧在手心。其實戀愛的模式本就是如此，初期男方都會努力獻殷勤，送禮接送樣樣來，但是交往約莫六個月左右以後，男方的這些舉動就會逐漸減少，而這時候也正好是房事減少的時期，於是，女人就會開始出現這樣的念頭。

「之前是只要我稍微穿得性感一點，就會把我帶去汽車旅館，現在是直接把我帶回家……。」

感覺每次只要一遇到戀愛瓶頸，就會想要從性方面尋找原因，要是有這種類型的女性前來找我諮商，我都會建議她們：「從現在起，該換妳努力了」。試著努力過後，再停掉這段戀情也不遲。

愛情是靠努力延續，在這份努力當中，也包含著肉體方面的愛意。雖然說愛情荷爾蒙——多巴胺的有效期限只有兩年，但是只要你們是能夠真誠分享內心及能量的戀人，再多付出一點努力，絕對能回到當初熱戀的關係。

成為有性愛哲學的女人

我曾到美國為當地青少年進行過性教育，過程中不只是單純發放避孕道具及說明使用方式，還分組討論關於「如何把性愛當作哲學」、「如何提出自我主張」、「如何保護身體」、「不使彼此心理受傷的方法」……等，對於當時來說，能夠自由討論這種話題是非常難能可貴的事情。

當時，我畫著梯形圖，請學員們填寫關於「我可以允許戀人之間的肢體接觸到什麼程度？」與「倘若設定好到什麼程度，那麼其理由為何？」的答案。

這是一段幫助學員們主動模擬真實情境的過程，而不是在自己毫無防備的情況下受對方牽引，被動經歷性愛這件事。

在哲學家埃里希・弗羅姆（Erich Seligmann Fromm）所寫的《愛的藝術》（The Art of Loving，一九六九年，志文出版）一書中有提到，「愛是分擔，不是墜入」，墜入是被動情感，透過「給予」（Give）才能達到分擔。然而，「給予」其實帶有各種意涵，埃里希．弗羅姆認為，「男子把自己的性器官交給女子，在達到性高潮的一剎那，他把精液給予對方；女子亦是如此，女子交出自己，她打開通向女性內部的大門，在接受的同時她也給予」性愛才是主動分享愛、實踐「給予」的方法。

都說現今已經是性開放的社會了，為何我們卻從未接受過這種內容的性教育？更何況性愛是主動創造愛情的過程中不可或缺的重要活動。要是在沒有受過這種教育的情況下發生性關係，就會像少了梁柱支撐的屋頂一樣搖搖欲墜。

據說，現在流行在網路上不問對方是誰，也不質疑對方的來歷，直接約見面發生性關係；而發生這種不正常關係的女性，大部分都平凡無奇。其實，會產生這種情形是因為「雙束」（Double Bind）訊息所導致。英國學者格雷戈里．貝特森（Gregory Bateson）就曾指出：「溝通訊息中，雙束訊息會引發心理混亂」，也就是面對同樣情形，同時含有兩個相互對立的訊息，使接收訊息者無所適從、加重混淆的意思。父母親是生長在對「性」這件事非常嚴格保守的最後一批世代，現代年輕人卻是生長在性開放文化的第一批世代，因此，雙束訊息所導致的問題會更為明顯。上一代是以儒教思想的觀點向子女進行性教育，但是子女們卻生長在過度性開放的環境，這就是雙束訊息。

換句話說，很多女性可能想要按母親的教誨，當一名貞守節操的淑女，但是如果毫無性經驗，就無法參與姊妹們的談話，導致對性這件事情產生困惑。像這樣被雙束訊息混淆，不知該如何是好的人，最後就很可能變成努力不讓男朋友碰觸底線，卻可以和初次見面的男性發生性關係的這種不正常心理。

為性愛中毒所苦的人，更多是沉迷於對方把身體、精神等能量，全神貫注在自己身上的那種投入感，而不是真正發生肉體親密關係，這也證明了性愛是可以體驗彼此內心宇宙的神祕經驗。因此，如果真心相愛，就盡情享受魚水之歡吧。

〔#愛是分擔，不是墜入〕

結婚容易生活難

結婚不是只屬於女人的心願

與女性朋友們談話時，經常會讓我感覺到，她們似乎認為結婚是屬於女人的心願，因為從小就對婚姻抱有憧憬、懷有願望。但是誰說男人就沒有想要成家的心願呢？相信男性們一定也想過總有一天要實現這個願望，男性也可能擁有這種心願。因此，男女婚前都應該給彼此一段時間來共同商討關於自己心目中的結婚藍圖，要是沒有這段討論期就直接走入婚姻，新婚初期自然會為了擁有主導權而不斷起衝突。

在美國，有一項專為準新郎與準新娘準備的「婚前輔導（Premarital Therapy）」

計畫，這項計畫的諮商內容涵蓋宗教、經濟、生活習慣等超過十種以上的領域，內容如下：

- 容許對方一週內可以和朋友見面幾次？
- 容許對方投入多少時間在從事宗教活動上？
- 金錢支出會優先花在什麼事情上？
- 家事要如何分配？
- 要與各自的父母保持多少距離？
- 想要如何度過閒暇時光？
- 如何安排性生活頻率？
- 排解壓力的方法是一個人獨處，還是找朋友聚會？

在預先瞭解彼此對這些事情的看法後再結婚，與尚未瞭解就一股腦栽進婚姻，兩者在日後婚姻生活的品質上，會有相當大的差異。

身為英文講師的芝惠小姐，是屬於先上車後補票的案例。她想要在家成立「線上英文學習社團」讓自己可以繼續工作，卻遭到先生強烈反對。

「當然是要專心準備當媽媽啊，怎麼還想著工作？」

雖然這是先生的主張，但是芝惠小姐並不認同。

「我實在不明白為什麼結了婚以後就得放棄工作。」

由誰負責經濟主導權、每隔多久要拜訪婆家一次、生兒育女的計劃又是如何等，要是婚前都沒有論及到這些問題，婚後就會像芝惠小姐一樣與先生產生這些糾紛。當這樣的情形反覆上演，就很有可能會走上「離婚」的絕路，因此，婚前務必要事先做過這些討論才行。

經濟基礎的磨合期

結婚準備大致分三大事項：第一是尋找未來一起住的房子、準備婚禮相關事宜、瞭解彼此經濟觀念等「客觀條件的準備」，要是決定夫妻婚後都要繼續上班工作，那麼也得事先商量好收入是否要合併共用，還是分開獨立。這比討論要買哪一家的床墊來得更為重要。

如果有準新娘問我上述收入問題該如何處理，我會建議至少第一年先不要合併，因為每個人對錢的價值觀及消費方式都會深受原生家庭的影響，如果父母親是屬於消費導向型，子女也會傾向把錢花掉而非儲蓄；如果父母親是強調省吃儉用型，子女則同樣會以節儉為主要理財觀念。

假設有一對夫妻三十二歲結婚，那麼至少各自也有將近五年的社會經驗，男方照男方的方式，女方照女方的方式，對金錢的價值觀或消費習慣早已根深蒂固。累積超過三十年的價值觀與消費習慣，並不會因為一夕之間結了婚而有所改變，這也是為什麼在新婚初期，新人們往往會因為經濟問題無法達成協議而爭執的原因所在。

因此，建議先把婚後第一年設定為經濟基礎的磨合期，先觀察彼此的平均收入與消費、所得模式，以及雙方家庭的婚喪喜慶等支出，然後再依各種支出項目進行適時的協議商討為佳。

維持關係的方法

第二，把單身時「屬於個人領域」的人脈，與結婚後才形成的「新領域」人脈區分開來。

「女人結了婚以後會很難維繫過去既有的人脈嗎？」

有些人會問我這樣的問題，但這其實是要看各人選擇，誰說結了婚的女人就一定要放棄過去好不容易建立的人脈，只能和附近住戶的婆婆媽媽們打交道？儘管走入婚姻、有了家庭，也應該繼續和過去既有的人脈、同事、同學、各種社團成員等維繫感情才是。

「我為了家人放棄掉自己的時間和興趣，卻沒有得到任何回報。」

許多已婚婦女都向我訴苦過這個問題，但是就算家人百分之百給予情感上的支持（Emotional Support），站在接受者的立場，永遠都只會覺得不夠，因為打從一開始就根本不存在百分之百的滿足。

美國哈佛大學教授大衛．麥克利蘭（David C. McClelland）就曾指出，參考團體（Reference Group）會決定你的人生成功還是失敗，這裡所謂的參考團體，就是你平時習慣見面相處的人，也就是會影響你行為的團體。女人婚後很容易以母親、妻子、媳婦的身分與人結識，幾乎沒有人會稱呼妳的姓名，因此，建議妳先把想要有個完美婚姻生活的想法暫時放下，分配一點比重給那些還會稱呼妳名字的朋友以及對象吧。

但請不要誤會，我不是要妳別再投入婚姻生活，剛結婚的第一、二年，自然會把重心放在先生和新家庭上，就如同新進入一間公司上班，第一年一定都是在摸清楚公司文化、搞定人際關係是一樣的道理。不是也有人戲稱，新婚一年內的行房次數甚至超過一輩子的次數嗎？這段時期是夫妻在性方面互相探索，眼裡只有彼此的投入期，在婚後已達成懷孕生子計畫的三到五年左右，就應該將精力重新分配調整，把百分之七十給家庭，百分之三十給其他人際關係，這樣才是健康的。

雖然婚後要像婚前那樣和好朋友或前同事聚會，確實是比較困難的，所以建議在新婚時就先跟周遭友人打聲照面，請他們多多體諒，這樣還是能維繫彼此之間的友誼。要是身邊有朋友結了婚後愈來愈少聯絡，我們也要懂得為她們著想，與其對她們心生埋怨，「結了婚以後居然就失聯了，所以說女人真的很不可靠啊！」不如試著理解對方，「人家正值新婚甜蜜期呢，當然不要打擾他們啊」，這樣等妳自己某天步入婚姻時，才會同樣獲得其他朋友們的體諒和包容。

瞭解我的男人，關於他的成長背景

第三，瞭解另一半的人生歷程。每當有準新人或情侶來找我接受「情侶諮商」時，我都會出一道作業給他們：畫一張自己的人生曲線圖表，這是運用了當初在美國留學時上的第一堂「整體人生發展（Lifelong Development）」課程內容，透過描繪人生曲線圖來展現整體人生經歷。

X軸標示幸福、不幸等情感，Y軸則標示出人生中最具意義的事件以及評分。只要把各個點相連在一起，就會完成一條曲線，幫助妳一目瞭然地知道「原來我在這時候經歷這件事，所以感到苦不堪言」、「原來這件事讓我感到十分幸福」等，重新檢視自我人生。你可以把它當成是一種將人生歷程視覺化、定量化的過程，供你預測未來想要的人生樣貌以及分數，並幫助你掌握目前有哪些地方需要調整。

「我們是根據對方『現在的樣子』決定攜手共度終身，可是我們又是過去與現在的綜合體。因此，與某人結婚其實也等同於將對方的過去與自己的過去結合，所以瞭解對方的過去自然是非常重要的事情。」

像這樣說明此項作業的用意，許多人都能感同身受。相信不會有人認為，結了婚以後，你的人生和我的人生就從此結束。如果對婚姻沒有「使人生變得更豐富」的信念，那麼建議你還是不要與對方結為連理比較妥當。

承諾使彼此的人生能夠一同成長，這才是真正重要的婚前準備，也是創造圓滿婚姻生活的祕訣。

〔#結婚是將對方的過去與自己的過去結合〕

名為分手的句點

面對他人的利己之心

「妳老是對他好，對他睜一隻眼閉一隻眼，久而久之他就會養成習慣。明明妳是因為喜歡他所以甘願忍耐、等待，但是他不會知道要感恩，反而覺得原來可以如此不尊重妳。妳要知道這一點，沒告訴他所以說他不知道的男人，就算真的告訴他了，他也永遠不會知道。」

上面這段內容，是韓劇〈戀愛的發現〉裡女主角的台詞。相信只要是在愛情裡扮演過更愛對方的「乙方」角色，一定都能夠感同身受。尤其是最後「沒告訴他所以說他不知道的男人，就算真的告訴他了，他也永遠不會知道。」這句台詞，更是深植人心。各位知道戀愛中的「乙方」，通常是在什麼樣的情況下，才會忍無可忍決意提分手嗎？

就是當自己已經付出一百分的努力，對方卻不僅不努力，還依然我行我素、無動於衷，凡事只考量自己，抱持著一顆利己之心時。當她們深刻體悟到原來自己要一直扮演「乙方」，這段愛情才能夠持續下去時，就會為了守護珍貴的自己而選擇放棄愛情。

接受分手事實的時間

愛是一種將自己的心理能量奉獻給對方的活動，分手則是將那份能量回收的活動，因此，自然會需要一些時間來沉澱。分手時，我們會依階段經歷失去某人的「哀悼反應」，從第一階段認為自己還沒分手的「否定」開始，接著產生一連串「憤怒」、「憂鬱」再到「接納」階段的情緒。我經常將這一連串的情緒反應說明給失戀的諮詢者聽，幫助他們發覺獨自徘徊在這段過程裡的自己。

要是讓周遭友人知道自己失戀，往往就會在哀悼期尚未結束前被安排和新對象認識，並對妳說：「被人傷害的心靈終究還是得靠人來治癒。」果真是如此嗎？要承受分手的壓力已經夠辛苦了，倘若再出現一名完美男人，真的能馬上敞開心房欣然接受嗎？

個人認為最好不要在失戀分手後，想著要靠另一名異性來治癒妳的心理傷痛，如果妳還需要時間讓自己接受失戀這項事實，建議妳，與其開始尋找新對象，不如盡最後努力來消除心中的留戀。切記，失去愛情的人該做的第一件事不是聯誼、相親，而是接納分手的事實。

智英小姐是一名三十歲後段班的職場女性，她剛和交往十年的男友分手，由於深受空虛感與無力感折磨，於是跑來我們診所裡找我接受諮商。

「為什麼這種事情會發生在我身上……，他怎麼可以就這樣把我丟下？」

智英小姐正獨自經歷分手後的哀悼過程，面對不曉得自己為何會失去對方的她，我所提供的解答是：「讓自己傷心欲絕」。盡情難過悲傷吧，這是認真愛過他的最好證明，要是故作堅強假裝自己沒事，治癒期反而會拖更久。妳如果也遭遇分手，讓自己充分難過吧。

沒有什麼事是比留戀對方更執迷不悟的

在愛情裡，無時無刻都會有幻想冒出，除了有白馬王子等待公主的幻想橋段，還包括分手後對方無法忘記我、思念我、為我廢寢忘食的幻想，但明明留戀對方的人是自己，卻死不承認。

因為留戀對方而到他家附近徘徊，或者不斷確認他的社群軟體最新動態，這些方式都是無效的，如果真的想挽回對方，建議分手後兩週左右再試著主動聯絡對方看看。

為什麼我會設定兩週後呢？因為人在剛分手時，一定會找遍所有過去失聯已久的朋友，徹底玩到通霄，根本沒空靜下心感受分手後遺症。等過了十天左右以後，就會開始不時想起已經分手的戀人，畢竟彼此過去也住在自己心裡好長一段時間，說分手對自己毫無影響是不可能的，因此，趁這時候試著敲敲看對方的心門，相信會比其他時間點來得更有效。

「最近好嗎？我們……還能重新開始嗎？」

要是傳這樣的訊息給對方，相信對方一定也會認為「好像應該要認真回覆她」而真心給予答覆，當然，要是得到的答覆是肯定的就皆大歡喜，但是也有可能是否定的，所以最好要先做最壞的心理打算。然後要提醒妳的一點是，儘管得到的答覆是負面的，也不要將其連結到自己的價值，你們倆已經是兩週前決定要分手的關係，這豈是小事一件？他如果拒絕妳，只表示他不想再讓這樣的分手橋段重演，絕對不是對妳這個人的否定。

我所謂兩週後試著聯絡對方，並不是鼓勵妳與對方再續前緣，為妳加油，而是出於**能試的最好都試試看才不會徒留遺憾的用意**，僅此而已。「都做到這樣也夠了，是時候該放手了。」當妳心意已決的時候，接下來就要準備進入真正的戀愛哀悼期了。

愛情結束後領悟的事

不論對誰來說，送走感情都是一件很痛苦的事情，此時，要懂得努力靠智慧面對，而不是一味感情用事，這樣的態度在精神分析領域稱作「理智作用（intellectualization）」，是一種幫助患者看見「整體情境」的心理治療過程。舉例來說，如果坐在暖爐前，會因為「好燙」的感覺導致沒辦法思考任何事情，但是如果能看見一個整體情境裡有著一台暖爐，就會變得可以理解整體脈絡，像是「喔！原來這裡有放一台暖爐，所以我才會覺得燙啊。」

讓自己擁有一段理智作用的時間，便會找到戀愛失敗的定律。各位是否也聽過「在家會漏的水瓢，在外也一樣漏」這句諺語呢？人際關係也是一樣的道理，要是解決不了平時在人際關係上「難以解決的課題」或「反覆上演的爭執」原因，想要擁有一段健康的戀情也只會難上加難。

人們通常會把和家人的關係投射在與男友之間的關係上，如果妳是有哥哥或弟弟的人，不妨回想一下自己與他們的相處模式，相信妳會發現原來自己都有把和他們的相處模式套用在和男友的相處上，例如，經常和哥哥弟弟競爭的女人，和男友也會有競爭之心；反之，依賴哥哥弟弟的女人，對另一半也會採取依賴的互動模式。

愛是位在「關係」這個大分類下的概念，**擅於處理人際關係的人也擅長談戀愛**。哀悼期間不妨試著注意一下自己的關係模式，或者自己有哪些地方處理得不夠漂亮的地方，從中發覺到的不足之處，就是自己失敗的地方，也會是導致下一段戀情重蹈覆轍的因素。

一旦瞭解失敗的定律，便能預測接下來即將發生的事情，既然是足以失去戀愛對象的爭執因素，就有必要在展開下一段新戀情前好好檢討一番。為什麼明知道自己的問題，卻假裝視而不見呢？

哀悼期不僅是放下這段戀情的時期，同時也是準備迎接下一段戀情的時期。

〔#分手後，讓自己盡情難過吧〕

不明智的選擇會導致不明智的分手

執著並非愛

分手的傷痛是物理性的，因為原本昨日還是我心臟的主人，一夕之間竟然把我的心臟掏空，雙方協議分手就已經夠心痛了，倘若還是單方面遭到分手告知，其痛苦程度更是不堪設想。愛情或許可以同時開始，離別卻無法同時進行的，一定會有一方先動了想要放棄的念頭，另一方則是不得不隨後跟進。只能配合想要結束戀情的那一方，自然會經歷無法言喻的背叛感與失落感。

近來，感覺有越來越多男性比女性更容易因分手而落下男兒淚，光看那些因分手失和而慘遭暴力相向的新聞便可得知，無法接受分手事實的往往都是男方，換句話說，男人在愛情面前也會像女人一樣變得軟弱。

在愛情中一直執著的人，會消磨掉許多心理能量，厭惡感也會隨執著程度等比例成長。

「我本來不是要去吵架的，但是講著講著就莫名其妙有了肢體衝突。」

善豪先生就是與女友分手後，出現了憤怒調節障礙。他因為太想念前女友，所以跑去前女友的住家找她，結果一言不合，兩人扭打成團，他被這樣的自己嚇到，於是前來找我接受治療。明明是帶著愛意前往女方住處的，最後竟演變成暴力相向。檢查結果顯示，善豪先生平時也有強烈的「衝動」性格。

「短時間內應該會對自己感到羞恥或自責，但是最好也不要自責太久。」

我叮嚀善豪先生，不要苛責自己太久，羞恥心和自責感這些都是對自己感到憤怒的情緒，當這樣的情緒累積過多以後，就會徹底爆發開來。

在精神分析領域中，我們把為了保護自己而無意識執行的脫序行為稱作「防禦機制」，它是在壓力極大的情況下，為了讓自己少受一點傷害而產生的自我保護心理，失去心愛對象的失落感同樣也是神智清醒時難以承受的打擊，因此，防禦機制會同時多方面地啟動。

對前女友施暴後感到懊悔不已、反省悔過的善豪先生，又是用了什麼樣的防禦機制呢？答案是，消除（Undoing）。所謂消除，是指彌補引發罪惡感的行為，使之消除的心理，就如同外遇的老公會在當天買一束花送給太太一樣，對已分手的對象施予暴力後，再回來贖罪、尋求原諒等，這些都是典型案例。

不要讓對方覺得自己被拋棄

「我也不知道怎麼地，莫名其妙就……」這往往是做錯事的人經常掛在嘴邊的台詞。

善豪先生也萬萬沒想到，自己有一天會變成社會新聞裡才會出現的那種恐怖情人。他只是不想失去她，所以才前去找她，不知道要用什麼方法才能挽回這段感情，所以才會糾纏對方，結果沒想到竟演變成暴力行為。

每次只要為患者進行分手相關的心理諮商，不論對方是男是女，我都一定會提及到情侶之間的暴力行為，告訴他們光是和心愛的人分手，心理就已經夠難過了，要是再讓對方遭受身體上的疼痛，就會在對方心中又留下另一種傷害，這就是情侶之間的暴力行為確實存有暴力性的原因。這樣的行為會使自己變得不敢再踏入下一段新戀情。

戀愛是不論開始還是結束，都得由兩個人一起進行，當初愛的時候一起愛，分手卻要對方獨自承擔，是非常以自我為中心的思考方式。分手也是愛的一種，就像交往時彼此的愛意濃度會有差異一樣，分手後放下彼此所耗費的時間長短也會因人而異。儘管自己已經結束了分手哀悼期，對方也很可能還未走出傷痛，所以可以的話，那段時期盡可能不要將自己的私生活暴露在網路上或私底下，這對過去曾經深愛過的那個人來說，是你能留給他的最後情面。

懂得好聚好散的人，也會懂得談戀愛

不論是被甩還是甩掉對方，分手那天兩個人的情緒一定都是極度敏感的，因此，分手地點與時間最好事先為對方考慮周全，比起晚上，選擇白天談分手會比較好，在人潮較多或空曠的地方見面約談也比較妥當，因為在明亮人多的地方，彼此都比較能控制住心中的怒氣。提出分手時，也最好以「其實妳很好，是我配不上妳」或者「不是妳的問題，是我有問題，所以我們還是好聚好散吧」這種方式開口，絕對不能讓對方感到自己是被你「拋棄」的。

迴避、單方面告知、突如其來的拋棄，都是最糟糕的分手方式。有時，比較被動的女性會選擇用不接對方電話、不讀對方簡訊，透過社群網站來暗示對方分手，善豪先生的前女友就是屬於這種類型。或許你會想問：都已經要分手了，還要為對方想這麼多？**「好聚好散」其實是為了自己，不是為對方，懂得處理好分手的人，也會懂得談感情。**

我睜開眼，一切早已改變，
能不能把愛妳的心也一併帶走，
失去妳的今日好漫長，好煎熬，
能不能當作沒這回事重回我身邊，

妳愛過我嗎？至少回答我這問題。

上面這段歌詞是擷取李賢宇（이현우）的歌曲〈分手後的隔天〉（헤어진 다음 날），我對他的副歌部分「妳愛過我嗎？至少回答我這問題。」這句歌詞印象非常深刻。相愛是由兩名有責任心、成熟的人，解開自我防備，分享彼此祕密，情感上達到交流的一種過程。有時會解除個人警戒，向對方展露無遺，有時也會把對方當作是自己的借鏡。如果談戀愛時，彼此都有交流最親密的情感，那麼光是這樣就值得了。有些人會把人心玩弄於股掌間，或者只把對方當成是填補孤單的工具等，他們所做的這些使伴侶心靈受創的事情，其實到頭來也會傷害到他們自己。

在問對方「他愛過我嗎？」這句話之前，不妨先問問自己：「我是否真的愛過他？」

〔#戀愛是不論開始還是結束，都得由兩人一同進行〕

#就業
#工作
#成功
#才能

6

專為只看失去、不看擁有的人所開的心理處方箋

好朋友的成功，是最難以忍受的

不要為了受人矚目而無理取鬧

以精神科醫生來說，我的性格算是比較急一點，以前會覺得是需要改進的缺點，但是不知從何時起，我反而認為這或許是我的優點也不一定。正因為我的性子急，無法眼睜睜看著患者的體重一成不變，一點也沒瘦下來，而主治醫師的督促又能夠刺激患者，所以通常我的患者都能夠快速瘦身有成。雖然因為個性急，會有事情處理得不夠深的「缺點」，但是也有即時處理交辦事項的「優點」。

人的性格基本上就像硬幣的兩面，是缺點的同時也會是優點，所有性格皆是如此。

要是只把焦點放在缺點上，老是想著「就是因為這樣的性格，這次的事情又被我搞砸了」、「果然我做什麼都不成」的話，就不會發覺這樣的性格其實存在著哪些優點。那麼，究竟該怎麼做，才能夠補強性格的弱點，強化自己的優勢呢？

每個人都有與生俱來的先天優勢，可以看作是無法與他人交換、專屬於自己的才能（Uniqueness）。如果你什麼事都不做，就不可能找到這樣的優勢，所以一定要花上一段時間，尋找專屬於自己的強項。當然，有些人可能不需要花太多功夫，就已經找到屬於自己的優勢，但是要切記，就算再怎麼會生長的盆栽，也要定期澆水、曬太陽，才能健康成長茁壯的事實。

你的優勢是需要不斷磨練精進的，不能期待它會自己發展進步，同樣的道理，你也不能把發揮了一兩次才能的經驗，誤以為那就是你的優勢。真正的優勢，不是發揮一、兩次就不再有效，而是未來以後也能夠以相同水準持續發揮。

我通常都會勸人，**與其補強你的弱點，不如強化你的優勢**。只要有屬於自己的優勢，就不會眼紅別人。尤其是正值喜歡拿自己與別人比較、確認自己立足點的二十世代年輕人，透過培養自己的強項，反而能夠緩解嫉妒他人或焦慮不安的心理。

艾倫・狄波頓（Alain de Botton）在他的著作《我愛身分地位》（Status

Anxiety，二〇〇四年，先覺出版）中提到：

「好朋友的成功，是最難以忍受的。」

你是否也因那些光鮮亮麗的朋友而倍感慚愧？那麼不妨試著問問自己：

「我的優勢是什麼？」

之所以會去嫉妒、比較、眼紅他人，其實根本性的原因還是在於自己的心態，負面情感是從「我什麼都沒有」的缺乏感開始。然而，成功的周遭人士只是刺激自己的「契機」，所以不要再把精力浪費在嫉妒別人，還是加油努力找出屬於自己的優勢吧。

發掘自我優勢的兩種方法

「和朋友見面時，不要只顧著聊連續劇內容，試著聊聊彼此的優勢，何必每次都只聊別人呢？」

這是我給一名不知道自己優勢是什麼的二十多歲女性諮詢者的作業，如果想要知道自己的強項是什麼，最好詢問周遭認識妳很久的朋友，因為如果是一直以來妳都很擅長的事情，相信周遭好友一定都會發現，並且一致認同的。光是找三名好友詢問，妳的優勢馬上就會呼之欲出，他們可能會點出和你自認為的強項一樣的答案，也可能會講出你從來沒有察覺到的優勢。

不論朋友們為你點出的優勢是否與你自己所想的一致，瞭解自己的強項是什麼，對往後人生也會有莫大幫助，因為在知道原來自己也有優勢的情況下觀看他人，與以為自己一無所有而面對他人相比，兩者在心理層面是有極大落差的，其後續心態反應也自然會有所不同。

如果你覺得問朋友自己的強項是什麼實在太害羞，那麼試著回答以下問題也是不錯的方法。

- 我擅長的事情是什麼？
- 我喜歡的事情是什麼？
- 透過那件事情，能否使自己與他人感到快樂？

尤其二十世代的年輕人是處於優勢、弱勢都還尚未分明的狀態，根本不必因為找不到自己明確的優勢而感到挫折，只要知道自己擅長什麼，持續不斷努力精進即可。

各位不妨試著把這禮拜設定成「發掘自我優勢的一週」，然後努力尋找屬於自己的天賦（Giftedness）。

養成勝利的習慣

真正的高手，是從一開始就只打會贏的仗，與自己奮鬥時也是，專注在優勢才會贏得一場勝利之戰。如果先把時間和精力統統耗在補強弱點上，就很可能只用盡力氣在注意自己的弱點，其他事情都不再有餘力去思考。而且可能剛開始只是個無傷大雅的小弱點，但是因為過度專注在它身上，反而使其放大，遮蔽了你的雙眼，看不見自己的優勢。

如果直接從發掘優勢開始，自然就會產生自信，有了自信以後，自我也變得健康，不論面對任何弱點，都能視若無睹、屹立不搖。而且還會產生能力感，對繼續行走未來人生道路有很大幫助。大部分的人會因他人的評價而左右心情，因此，培養優勢會比補強弱點來得更為重要。

補強自己的弱點建議從四十歲開始為佳，因為二十至三十世代人生的走向還根本未定，沒有充分的理由要補足弱點，所以就算下定決心「我要改變這樣的性格！」也很容易半途而廢。但是到了四十歲以後，已經有足夠的人生歷練，可以回首過往，看見自己的性格弱點對人生造成了哪些影響，相較於二十幾歲年輕氣盛的時期，人生也已經變得更為穩定、有餘裕，在承認自己弱點上心情也會相對平和許多。

你的實力終究不是偶然

弱點與優勢，就像一枚硬幣的兩面，舉例來說，假設我是待不住、散漫的性格，從另一個角度來看，也會是充滿活力、可以同時處理多件事情的人。

參與過韓戰的戰地攝影記者瑪格麗特．伯克．懷特（Margaret Bourke-White），是全球第一位女性從軍記者，在她活躍於攝影新聞界的時期，身為女性這件事本身就是一項缺陷，也是非常大的弱點。

「我想當攝影記者，但是女人都穿裙子，也根本扛不動那麼重的攝影機。我不可能當攝影記者。」

在當時那個年代，儘管這樣自怨自艾，也不會有任何人覺得你奇怪或多加責備，因為那時的攝影機確實不如現在這麼輕巧發達，女性要走攝影記者這一行光從體格、力氣上就相當受限，但是她拍下了遇刺前的甘地最後身影，也是史上第一位拍攝史達林的攝影記者，她為攝影記者的歷史寫下了新頁。

「我的經歷與人生都不是偶然。」

這是瑪格麗特・伯克・懷特留下的名言。她靠著自己是女性的弱點，把二次世界大戰這場時代性災難逆轉成她的最大優勢，是真正令人敬佩的女性典範。

她很有可能只把自己是「女性」這項弱點看作是一項特徵，並沒有想著「這是優勢所以要在這種情況下發揮，那是弱點所以要趕緊補強」，而是把優勢與弱點整合起來一併思考。不分長處還是短處，將它們統統視為是成就自我的重要因素，或許這是真正成熟的人才會具備的心態。

〈#一旦發掘屬於自己的優勢，就不會嫉妒他人〉

有些事現在不做，以後就不會做了

可以投入在一件事情裡的自由

我們診所裡的自尊感提升計畫，是透過確立自我定位、職業適性測驗、選擇職業依序進行。藉由回答「我是一個怎麼樣的人？」來看見自我定位，「我做什麼事情時最開心？」來找到職業適性，「發揮強項的職業是什麼？」來終結這項計畫。

求職前，要先徹底瞭解自己，再去尋找適合自己的工作。如果是在求職後才開始煩惱這些問題，只會使自己徒增煩惱。

許多新任職不到一年就離職的朋友，除了不滿意年薪與公司福利外，很多都是煩惱

「我要一輩子都做這份工作嗎？」「我可不是為了做這種工作而累積學經歷的啊」，所以在就業前，我們都需要好好重新檢視自己一番。

尤其對於二十世代的年輕人來說，社會允許他們只專注在一件事情上，就算只專注在談感情上也會被人原諒，一整天只認真學英文也會受人稱讚，因此，是深入瞭解自我的最佳時期。不，應該這麼說，如果不趁二十幾歲時好好把自己摸透，之後就很難再有機會讓你靜下心來瞭解自己了，所以只能把握住這段時期，對自己進行一番徹底探索。

你不看重的那件事，對某人來說或許是夢想

每次來找我傾訴對未來出路感到苦惱的人，都是想放棄過去自己長時間所做之事，從嶄新的領域中重新出發尋找夢想的人。

一名諮詢者是從十幾歲就開始畫畫，大學也專攻美術科系，她苦惱了好久，不知道自己的未來出路在哪裡，於是前來找我接受諮商。

「我好像沒有畫畫的天分，是不是應該另謀出路？」

「妳有其他想做的事情嗎？」

「也還好……。我從小就只會畫畫，所以不知道自己還會什麼，只是單純覺得說不定還有其他事情適合我。」

「現在只是確認自己適不適合畫畫而已，還不到要放棄的時候吧？」

你是否也受父母親或學校老師鼓吹，好不容易當上了公務員，卻好像跟自己的性格不符而感到煩惱？你是否也因為從小開始就做某件事，所以也沒想太多就繼續做下去？雖然不是自己真正喜歡的工作，但是因為是該領域出身，所以只好硬著頭皮繼續做下去？如果不斷強調是因為他人而被迫開始，或者走著走著就走到了今天這個局面，便很難從自己的工作中找到意義。自己都不看重自己的工作了，又有誰會認可你呢？

未來出路並不是自行選擇才具有意義，凡事都隱藏著比你所知更大的意義與價值。如果你覺得現在正在做的事情不知為何而做，那麼不妨看見這件事的背後隱藏著哪些意義，並享受在這之中成長的樂趣。就算不是多麼值得向人炫耀的事情也好，只要是可以讓自己今天變得比昨天更好，那就足夠了。

有些人深信，「夢想」這個單字一定要伴隨著「熱情」，但是我個人並不這麼認為，因為我也不是非常喜歡精神科才選擇這條路的，只是單純覺得不排斥、有自信能做好罷了。

做自己想做的事情固然重要，但是做自己擅長的事情也很重要，因為要做自己擅長的事，才能「不那麼辛苦地」持續做下去。奉勸各位還是放下「對想做之事的熱情與悸動」這種幻想吧，不是只有心跳加速、非這件事情不做不可才叫作夢想；**只要是自己不排斥、能夠做好的事情，就已經是非常棒的目標和夢想**。不要忘記，對某人來說，也許你現在正在做的事情是他一輩子想實現的願望也說不一定。

不信與確信之間

「設定夢想。」

這句話在許多成功的領導人演講或相關書籍裡，永遠都不會缺席。雖然立意良善也確實需要這樣的建言，但是不知為何，我每次只要聽到這句話，就會覺得是在叫我放棄現在正在做的事情，找尋更遠大、更了不起的事情去做。怎麼說呢，彷彿是在叫我設立一個類似攻頂世界第一高峰珠穆朗瑪峰的目標，然後要把人生全數奉獻在這件事情上的感覺。

對於這個月還要還就學貸款、準備就業等，被現實問題追著跑的年輕人來說，叫他們設定一個像珠穆朗瑪峰一般高的理想，就等同於叫他們乾脆別作夢是一樣的意思。要是現實情況允許，哪一位年輕人不想懷抱熱情全力挑戰？

一味強調熱情的文化，會使大多數人難以發現目前所做之事的價值。如果是好不容易得到自己朝思暮想的工作，那種人一定是很早以前就已經審視過那份工作的意義，所以不太會出現「我的工作有何價值？」這種念頭，但若是稀里糊塗、且戰且走地選擇工作的人，就很容易不知道自己從事的這份工作究竟有何意義。

努力撐過每一天的人生，其實也和征服珠穆朗瑪峰一樣偉大。我們稱象棋或圍棋領域中首屈一指者為國手，在韓國，只有圍棋棋士薰鉉（조훈현）能稱得上是國手，就連如此聲望極高的人，也曾在個人著作中寫道：「先填飽自己肚子，再談夢想。」

夢想不能只是幻想，要能成為你的飯碗才行。儘管現在所做之事並非原來的夢想，也絕對不代表毫無意義。強迫人們一定要設定偉大挑戰的文化，一不小心就會使為了餬口飯吃而選擇工作的人產生自責感，沒有夢想並沒有錯，但也不一定要有夢想才會成功。成功的人之所以成功，是因為他們創造了自然會成功的環境，才會有今日的成就，絕對不是因為他們有夢想所以才成功。

只要跨出第一步，永遠都是對的

好萊塢女明星娜塔莉．波曼（Natalie Portman）在二〇一五年哈佛大學畢業典禮致詞演講中說道：

「儘管我已畢業於哈佛十年了，我依然對自己的價值毫無自信，也不認為自己聰明到足以進入這所大學。」

娜塔莉．波曼當時向台下所有人坦承，自己會選擇進入哈佛大學心理系，是因為想要從家人那邊獲得演員這項職業的認同，因為她出生在書香世家，所以總是在意演員這一行能否受到家人的重視。

我看完她的畢業致詞以後，不禁想起那些為了證明自己的存在而努力擠進名門大學或大企業的韓國青年，這些年輕人甚至還會被某些人稱為「沒想法、沒主見的人」。

「居然是為了滿足家人而填寫求職信，你難道都沒有自己的夢想嗎？」

「現在的年輕人態度也未免太不堅定。」

我很想請教說這些風涼話的人，誰說一定要從自己生長的環境範圍外來尋找成長的種子？為了使家人感到榮耀，為了讓男女朋友刮目相看，這些難道都不足以成為規劃自己未來出路的理由嗎？這樣就很沒出息嗎？太庸俗嗎？如果有人因上述這種批評而感到畏縮，我很想告訴他們：「不管你當初選擇的理由是什麼，既然選擇了，就努力實現屬於你的價值。」

不必因為沒有帶著熱情去挑戰而感到自責，先獲得一份工作，再給自己一段「確認期」，需要調整的話屆時再做調整即可，何必自己折磨自己呢？每個人都需要一段透過失敗犯錯來確認這條路是否屬於自己的時期，就算是為了別人而選擇的工作，也必須從那份工作中找到意義，不斷累積實力，最終就會成為人生中的一部分。人生的主體一定要是自己才行，年輕的本錢就是徹底跌倒、勇敢失敗。

只要跨出第一步，永遠都是對的。

﹝#努力撐過每一天的人生，也和不斷挑戰的人生一樣偉大﹞

已經想好未來的樣子嗎？

描繪心目中五年後的自己

「三年前的話，我才三十二歲呢，當時我根本不知道，原來三十歲初和三十五歲會有這麼大的不同。」

「慧靜小姐，妳知道嗎？今天又會是妳三年後夢寐以求的日子。」

「真的耶，三年後我就三十八歲了，到時候應該又會懷念三十五歲的日子。」

「活在當下吧，這樣才不會錯過這美好的一天。」

慧靜小姐總是喜歡把目前年齡視為最高齡，像這樣的女性都有一個共同點，就是比同儕朋友們有著相當高的「成長慾望」，她們想做的事情很多，想要得到的東西也很多，所以自然會覺得時光匆匆流逝很可惜。

「妳已經想好自己的未來樣子了嗎？」

我通常會對積極想要長大的女性拋出這道問題，成長是屬於未來式，因為是想要繼續不斷向前邁進成長。那麼，我們就應該想好各階段想要變成的模樣，一年後、三年後、五年後……，三十歲時、三十五歲時、四十歲時……，就像踩階梯一樣，每個時期都要有自己心目中理想的樣子才行。就算是誇張、不切實際的想像也沒關係，我想像我自己的未來樣貌，誰又有資格評論什麼？

同樣的方式也可以套用在人際關係或職場生活上，或者想像三、五年後與男朋友、伴侶的樣子，然後再試著聊聊看關於未來的畫面。五年後會成為公司主管嗎？會被發派到理想的部門嗎？

當你想像各個階段的自己時，便能得知自己真正要的是什麼，以及該投入哪方面的努力才能成功實現。

要是無法想像自己的未來，不妨尋找人生中的楷模、榜樣或者偶像，親自聽取他們的人生故事，或透過各種資源來追蹤他們的生平事蹟、人生態度與精神。只不過千萬別忘記，追隨名人買名牌、擦一樣品牌型號的唇彩，並不會真正成為那個人的事實。我們要學習的是他們準備人生價值觀的態度，絕非已經光鮮亮麗、功成名就的外表風采。

不當某人的贗品，只當真品

沒有人生楷模，就好比沒有開導航在駕駛，既然已經決心發動引擎出發，至少也要先知道確切的目的地地址與告示牌再出發吧？如果你不曉得該找誰作為你的楷模，不妨從未來你想要發展的領域或產業著手，找出該領域的傑出代表人物。

試著去瞭解你的人生楷模在你這個年紀都在做些什麼事情，經歷了哪些階段爬到了現今位置，那麼相信現在的你，一定會比較有明確方向知道自己該做哪些事。

每次只要我提出和心目中的楷模親自見面的建議，諮詢者們都會面露難色。

「我的楷模太知名，而且他很忙……，一定不可能願意特地見我的。」

正因為我也能體諒這樣的說法，所以並不會特別強求諮詢者非做這件事不可。直到某天，一名素未謀面的女學生走進了我的診療室，我像平常一樣開始為她進行諮商，但是聊著聊著，發現原來她並不是來諮詢，而是醫學大學學生，一問之下才知道，原來我是她的楷模，所以才會想來親自見我。

這種事情對我來說也是頭一遭，當下難免感到有些錯愕，但是我自己也曾為了尋求某人的建議而長途跋涉過，因此，當時我只想著要盡我所能地幫助她，心裡想著「這孩子應該是有認真苦思過自己到底要什麼，好不容易鼓起勇氣來找我的，我應該要多幫幫她」，然後不論她問我任何問題，我都傾囊相授。

我相信其他人一定也會和我一樣慷慨解囊，就算因為忙碌而無法特地空出時間與你見面，至少也會透過電話或電子信件給你回覆。就算結果真的沒有收到任何回訊，對你來說也毫無損失，不是嗎？只是要鼓起勇氣聯絡自己崇拜的人生楷模，會使你感到有些緊張而已，一旦有了勇氣，自然就會認為這也不是什麼大不了的事情了。

年輕的資本

保英小姐說：

「我也想和醫生您一樣，當精神科醫師、上節目、出書。」

「保英小姐比我更優秀呢，因為妳知道妳的目標是什麼，我在妳這個年紀的時候根本沒有任何目標。」

聽完我的回覆以後，保英小姐開始問道。

「醫生，您在累積經歷時，把什麼視為是最重要的呢？」

「妳是指選擇未來出路的標準嗎？我是以『我喜歡什麼』為思考出發點，而不是一味聽從他人的推薦。甚至就連在選擇專科領域時，我也沒選擇當時正夯的皮膚科，反而選了鮮少人走的精神科這條路。因為我認為這是我能勝任且擅長的領域，畢竟我要做得好，才會感到有趣。」

「為什麼不喜歡皮膚科呢？」

「因為我不喜歡大體解剖和實習，如果選擇皮膚科，就要整天用顯微鏡觀察細菌組織等，屬於比較微觀性的工作，這不是我喜歡的事情。反之，精神科是傾聽諮詢者的人生故事，再由我來診斷，等於是用宏觀角度來進行工作，這才是我喜歡的。」

「原來如此。」

「保英小姐也試著想想自己喜歡什麼吧，這也是需要花時間的。」

我還給了她另外的建議，如果有機會再見到其他自立門戶的醫生，一定要根據自己的情況來做判斷，不能無條件聽從前輩們的建議。

因為我知道，保英小姐要是去找其他自己成立診所的醫生，八九不離十一定會聽到這樣的建議。

「最近開診所的都失敗，還是去上班吧。」

但我個人並不這麼認為，雖然不乏診所倒閉的案例，可是成功的案例也一定有。因此，最重要的還是在於看自己是否適合。結婚也是同樣的道理，通常已婚人士都很喜歡跟周遭未婚的朋友這麼說，「千萬別結婚，有能力的話乾脆自己一個人生活」。

我很想問，如果結婚真的沒有一點好處，那她又為何要維持那段婚姻。如果是真心想要給我建言，豈不是應該告訴我結婚的好處與壞處嗎？

不論是人生諮商還是工作諮商，如果你真的和心目中的楷模碰了面，記得不能只問對方該領域的缺點，也要問優點。人生所有價值都是一體兩面，當你充分得知優點與缺點以後，只要試問自己「我有沒有準備好接納這些缺點？」再做決定即可。比起盲從對方的建議，還是得視自己情況來應用。

一分鐘的勇氣將改變你一生

有人會在需要鼓起勇氣時猶豫不決，甚至選擇放棄；反之，也有人會選擇積極挑戰，就像保英小姐一樣，她一定也擔心過不知道我會對她做出什麼樣的反應，但是最終她仍選擇來找我尋求建議，這是因為她有壓抑住內心的恐懼，提起勇氣跨出那一步的緣故。接下來，她的人生會像施了魔法一樣轉變，猶豫不決後選擇放棄的人與提起勇氣選擇跨出一步的人，雖然差別只在於「勇氣」（其他內在資源應該大同小異），但是這兩種人的人生最終會大不相同。

其實親自去找自己的楷模是超乎想像地積極，這樣的經驗對於人生是絕對有幫助的，至少為自己人生積極努力過一次，在未來就算再度遇見類似情形，也絕對不會選擇躊躇不前。最終，這種人會比消極的人更快速內化那些成長所需的價值，各位也不妨試著眼睛一閉，心一橫，鼓起那一分鐘的勇氣吧，相信我，你的人生真的會變得很不一樣。

要是你的人生楷模人在國外，難以親自拜訪的話，可以改成閱讀他的資料、採訪內容或其著作的方式瞭解。因為就算親自遠渡重洋近距離見了面，相信也很難聽到像一本書一樣那麼多的人生建言，更何況閱讀是只要自己有時間就隨時都能進行的事情，或者參加他所開設的講座也是很好的接觸方式之一，搜尋對方有開設哪些講座，安排一下行程，構思一下有那些問題想要問對方，就算不能夠真的見到本人，有心目中的楷模就足以對你的人生發揮正面影響力，相信你會體認到這件事。

〔#決定鼓起勇氣前很艱熬，決定鼓起勇氣後會發現也沒什麼。〕

絕對會有更好的選擇

如果變得比較自由，會更幸福嗎？

婚前來找我面談過的邵恩小姐說：

「我想結婚，但不想生孩子。」

「妳未婚夫也同意嗎？」

「是，反而是他不想要小孩。」

「那如果你們是這樣的家庭呢？邵恩小姐改變心意想要有孩子了，但是妳的身體已經到了沒有辦法生育的情況，有信心不後悔嗎？」

結婚生子，往往是下一秒鐘馬上就能改變心意的議題，所以我每次只要遇見因這種問題而煩惱的人，都會建議他們重新設想假如自己是站在沒有選擇餘地的立場。

要是可以在自己理想的年齡結婚生子，當然是最好的，但是現實上這樣的可能性微乎其微，許多人都是在婚後才來考慮生子問題，其實反而是婚前就應該先考慮規劃好，也就是在生子或養育議題還不是你們的現實問題前，就預先溝通好想清楚的意思。如果對生孩子這件事還毫無頭緒，不知道要考慮什麼問題的話，不妨先想想生完小孩以後會需要付出哪些犧牲，以及不生的話後續會引發那些問題等。

四十幾歲的喜瑛小姐沒有生小孩，她說因為她對生子後要做的犧牲感到十分恐懼，剛好她的先生也沒有想要孩子，所以兩個人生活至今；但是現在反而很後悔當初的決定。年輕時期認為不重要或占人生比重不多的事情，隨著年紀漸長，也很可能會變得無比珍貴，**因為你的人生重心會轉移，連帶產生價值觀的變化**。對於喜瑛小姐來說，生育問題就是這樣在她心中悄悄改變比重的。

不要用「時代不一樣了」、「那麼多不生小孩的人不也過得好好的」來迴避這個問題，因為迴避它並不表示這個問題就會從此消失不見，如果沒有經過一番審慎評估，這問題遲早有一天會再度浮現。對於像生孩子一樣帶有「生理條件限制」的問題，最好都需要深思熟慮過才行。

如果是以拚事業來代替生小孩，那麼就能享受單身女性般的待遇，這種生活也未嘗不好。

反之，如果決定生子，又會有哪些優點呢？首先可能會獲得「身為女人達成了階段性任務」的成就感。把一個小生命帶來這個世界、為他負責的過程，相信會需要截然不同的努力與能力，光是靠自己一個人的力量照顧一個小生命這件事，就足以使妳倍感驕傲。

有一種人生，不是什麼人都能擁有的

精神分析學領域認為，一個人的自尊感、人品、社交能力等，會在三歲以前形成。如果根據理論，等於是媽媽得和孩子在這三年內形成牢不可破的依附關係，但是反觀現實，幾乎找不到可以保障我們請三年育嬰假的公司。正因為這些現實問題，許多女性只好選擇放棄工作，投入育兒生活。問題來了，養育一名孩子最起碼要先花上十年，十年後妳想做什麼？其實，顧好自己的人生和顧好孩子是同等重要的事情。

我個人認為，不論選擇投入育兒還是職場，都沒有對錯之分。這只是選擇題，不是是非題。但千萬不要去想那條沒有選擇的人生道路，自憐自哀，盲目羨慕，例如，「我有小孩，但我想工作」或者「我是職業女性，但想回家顧孩子，過沒有壓力的生活」。因為**不論任何選擇，都會伴隨著犧牲**。**妳該做的事情是在現有人生中尋找幸福與意義**，如果老是羨慕另一個未實現的人生，就永遠不可能幸福。

不論任何決定，自主性地決定與被迫決定是有很大差異的，尤其孩子的問題馬上就會和婚後生活息息相關，所以建議還是趁單身時就先想過這問題。我不是要妳婚前就心有定奪，而是希望妳不要等婚後再被情勢所逼，或者被別人的意見牽著鼻子走，彷彿是在觀望別人的人生一樣毫無主見。

斯洛伐克有一句俗語說得很好，「遲早有一天，冬天會問我們，夏天都做了哪些事？」如果事先想好冬天即將來臨，該準備哪些事，做決定的方向也會有所改變。夏天如果有事先規劃，秋天的生活態度就會截然不同，自然就能有個溫暖的冬天；但要是等秋天才開始準備，往往就會漏掉許多事情。

朋友之中一定也有那種，相較於手裡握有的資源或付出的努力，他所做的每一件事看似都一帆風順的人。像這種凡事如意的類型，都有著「自行做決定」的特質。正因為他們的目標明確，所以當機會來臨時，才能毫不猶豫地奮力爭取；平時都已經充分思考過自己的人生，才會擁有那份自信。希望各位也能將這樣的人生態度，內化成自己的。

〔#仔細想想這樣的選擇會使你得到什麼、犧牲掉什麼〕

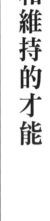

建構和維持的才能

所有才能都是從「有自我態度」開始

成功、成長、成就，是許多人嚮往的價值。如果說成功是與結果（Output）相關，成長就是與過程（Doing）相關，而成就則是位於成功與成長之間。藉由一些瑣碎的成功與成長，積少成多，最終得出成就這顆果實。

為能擁有這三者，前提是得先對自己的潛能及才能有所瞭解。或許當我一提到才能，各位可能會想起作家、醫生、藝術家等職業，但其實**「面對事情的態度」也算是才能的一種**。面對事情的態度大致上可分兩種，第一種是把事情從無到有進行創作的「建構才能」，另一種，則是把某人已經開始的事情延續下去的「維持才能」。

許多人都會輕忽維持才能，更重視建構才能，但其實這樣的觀念是錯誤的。就如同緣分也是維持比開始來得更為重要一樣，為能產出結果，必須要有堅忍不拔的毅力與韌性。毅力往往是擁有「維持才能」的人最擅長的事情，也是促使他們通往成功之路的關鍵因素。

建構才能只有在事情一剛開始時需要，維持才能則是在事情進行的每一瞬間都需要。如果只有前者沒有後者，最終仍不會有任何結果。要是你只有其中一項才能，那麼最好要找一位擁有另一項才能的人作為夥伴，這樣才能夠達到互補作用。

「每天只能處理交辦事項……我覺得自己只是公司的一個附屬品。」

我通常會勸有這種念頭的人，換個角度把自己想成是「我有傑出的維持才能，所以其他人覺得棘手的事情，我也都能妥善處理」。

走出安全線外

繆西婭．普拉達（Miuccia Prada），一個讓女人聞之瘋狂的名字，但普拉達本來也對時尚不感興趣，她大學專攻的是政治學，眼看外公辛苦打下的基石就快被父親搞到傾家盪產，於是她才下定決心繼承家業。

今日大家熟悉的尼龍材質Prada包，是在一九八〇年誕生的。Prada在換了一批新血接手經營之後，便汰換掉價格高昂的真皮材質，改用帳篷尼龍材質的防水布料來製做包包。Prada把自家的包包從原本沉甸甸、充滿貴氣的風格，徹底改頭換面成輕巧又實用的路線，這的確是一項重大改變。但也因為這樣的轉型，再度喚醒了人們遺忘已久的實用性，引發熱烈回響，這也使原本快要關門大吉的品牌起死回生、再創高峰。

從這點來看，普拉達是一位不折不扣同時兼具建構與維持才能的女人。

幾個月前，我與瑩熙小姐面談時，她向我吐露了這樣的煩惱。

「父母親一直覺得我不應該只找小公司的工作，可是我卻一點也不想進大公司當個無名小卒。」

現如今，她已經晉升成販賣手作健康飲品的企業家，雖然老一輩的人可能會認為瑩熙小姐還不懂人情世故，為她的未來感到憂心忡忡，但是在我看來，瑩熙小姐是一位出色的領導人，有著絕佳的建構才能。瑩熙小姐因為有了自己的實體店面而感到雀躍不已，雖然坪數小了一點，卻在短短半年之間就轉虧為盈，業績蒸蒸日上，她的選擇告訴了我們，人生其實沒有對錯，要勇敢成為人生的主人。

丟掉展示用的夢想吧

比起「誰走得快」，「誰能走得更長久」才是決定人生成敗的關鍵。我甚至是在創立診所以後，等診所都已經穩定了才遠赴美國留學，當時我都已經三十五歲了。雖然不敢說自己從未猶豫過這項決定，但是剛好當時有一位值得信賴的大學同學表示有意願接手診所，所以才得以放心地離開。那位同學到現在都還是把診所經營得有聲有色，這種就是所謂具有維持才能的人。除此之外，長期任職於同一間公司、能夠將上司指派的任務完滿解決的人，都可以看作是有維持才能的人。

現代社會彷彿患有不閃耀、不特殊就不行的強迫觀念，或許也是因為如此，大部分女性在職場上也會帶有一些偏見，其中最具代表性的就是對專家（specialist）抱有一種特殊憧憬。愈是看似光鮮亮麗的職業，愈容易距離穩定收入或生活很遙遠；反之，平凡無奇但默默耕耘的人，反而更容易享有穩定人生。雖然這是我在診療室裡與各和各業的人面談後所做的粗略統計，但也絕不是毫無根據的事實。

不要被這世界的速度干擾，也不要被他人看待你的眼光影響，只考慮自己真正渴望的是什麼就好。這已經不是比他人晚一、兩年出發就會永遠落後的時代，反而是不顧自己的狀況，汲汲營營地盲目跟從，才會落於人後。

〔#比起誰走得快，誰走得更長久，才是決定人生成敗的關鍵。〕

我總是先照顧好自己

日積月累的力量

意思英文「Foundation」一詞指基礎或打底的，在規劃未來出路時也是非常重要的概念。假設以設計師來說，構思概念、擬訂草案的時間就可以看作是Foundation。從事其他行業的人亦是如此，只要在處理事情的過程中有感到成就、有學到東西，那麼，那些經歷都會是屬於你的Foundation，日積月累下來，實力就會變得十分堅強。如果這樣想，人生中就沒有任何一個經驗是白費的了。

京畿道楊平郡有一顆活了一世紀的銀杏樹，許多觀光客慕名而來，在那棵樹前拍照留念、駐足許久。

而那顆百年老樹之所以帶給人們感動，是因為不論颳風下雨還是嚴冬暴雪，它都堅守在那裡，屹立不搖，而且還長達百年時間。人們被如此難得一見的景象深深打動，紛紛想要一睹它的歲月光彩，所以不惜千里迢迢到此一遊。

夢想或才能也是相同道理，儘管目前所做的工作不是自己真正想從事的職業，或者不能一展長才，但是只要努力堅持做下去，光這一點就已經是一件了不起的事情，因為就算沒能擁有崇高夢想，也已經達成了最適合自己的夢想。

找到自己的夢想與投入夢想是一樣重要的事情，千萬不要因為沒能找到使自己心跳加快的夢想而感到挫折沮喪，只要你從未放棄，一直專注投入在做一件事情，就值得給予自己極高評價。隨著你一天一天對自己所做之事賦予意義，轉眼間就會變成十年、二十年的資深老鳥。到了那個時候，對銀杏樹感到的敬畏之心，說不定也會從自己身上感受到呢！

當人生遇見目標的那一瞬間

不論哪個領域，只要想自成一家，少說都會需要花上十年心血。我同樣也是為了當一名精神科醫師，花了十年研究大腦與精神學科。當初我期許自己，就花十年來成為神經精神領域的專家，甚至是權威，然後朝著這個目標努力不懈地邁進。正因為我沒有把時間設定得太短，所以不會對自己還沒有一席之地而感到焦躁，也不會拿自己與其他人做比較，使自己變得更悲慘。

「別人都進了大學附設醫院，都已經有一席之地，妳現在怎麼還像個無頭蒼蠅一樣，到底在幹嘛呢？」

就算被周遭人士這樣吐槽，我也不把他們當一回事，因為我自己知道，我只是努力正在朝目標前進中，絕對不是已經失敗，這樣的想法幫助了我隔絕外部雜音，等於是一種不受他人言語影響的策略。多虧這樣的心態，使我得以在好管別人閒事的人情文化裡，守住了我的自尊與人生。

翻開《想要重返那些日子裡的風景》這本散文隨筆，會看見書裡寫著這麼一段話：「雖然神沒能讓所有人分得同等財富，卻成功讓所有人分得同等時間。」誠如這段話所言，我相信時間的力量，不論妳是畢業於韓國最高學府首爾大學，還是一所地方上的無名私立大學，「誰能熬過十年？」才是真正決定十年後誰會嚐到果實的關鍵。就算妳畢業於名門大學，如果出社會後經歷突然中斷，就絕對嚐不到最後結出的甜蜜果實。同理可證，就算出身地方私立大學、初入社會第一份工作是在中小企業上班，只要十年期間從不間斷地努力奮發向上，相信最後一定會得到應有的回報。

對於還沒找到自己定位的年輕人來說，大學品牌背後所帶有的意義我完全能夠了解，也深知在需要以背景條件來競爭的職場，「讀哪一間大學並不重要」這句話根本不會起任何安慰作用。一般女性會在二十二歲左右跨過就業門檻，男性則在二十五歲至三十歲初踏入就業市場。在各種資源不足的結果之下，當然只能仰賴學經歷來與他人競爭。但是等累積了一定程度的經歷以後，多少已經有專業度的時候，就會自然邁入不再有人在乎你文憑的階段，也就是說，一定會遇見累積的實務經歷勝過學歷的時刻。

每當有人因學歷差而苦惱時，我都建議他們打長期戰。當你在社會上累積了十年的經歷、人脈、成果、資訊等資源時，學歷只會淪為一張紙，變得沒那麼重要。時間能夠幫助你克服學歷、父母的支援等，因此，拜託給自己一段用心成長的時間吧。

我們一點也不遲

本來就一無所有，所以也沒什麼好失去的，這就是青春。也就是不論做什麼事情，都不嫌晚。只要知道自己「沒有任何損失」，就能分散掉一些對挑戰的恐懼。如果你覺得自己好像起步得比別人晚，也不必擔心；不管是讀書、就業還是戀愛，對年輕人來說永遠都沒有「為時已晚」的事情。

在你猶豫不決之際，時間也在一點一滴流逝，今日的青春終究不會持續一輩子。中途短暫停下腳步喘口氣是無所謂的，不會對人生造成太大影響，所以不妨在人生中最年輕的「今日」，開始找一些自己能做的事情來做吧。

「#我只是朝目標持續努力邁進中，絕對不是已經失敗」

國家圖書館出版品預行編目 (CIP) 資料

為什麼對別人這麼好，內心卻總是受傷？/ 劉恩庭著；
尹嘉玄翻譯 . -- 初版 . -- 新北市：大樹林，2017.11
面；　公分 . -- (心裡話；3)
ISBN 978-986-6005-69-5(平裝)
1. 人際關係 2. 生活指導
177.3　　106015813

心裡話 03

為什麼對別人這麼好，內心卻總是受傷？

作　者 / 劉恩庭
翻　譯 / 尹嘉玄
編　輯 / 黃懿慧
校　稿 / 邱月亭
排　版 / April
封面設計 / 謝佳穎
出版者 / 大樹林出版社
地　址 / 新北市中和區中山路 2 段 530 號 6 樓之 1
電　話 / (02) 2222-7270
傳　真 / (02) 2222-1270
網　站 / www.guidebook.com.tw
E-mail / notime.chung@msa.hinet.net
Facebook / www.facebook.com/bigtreebook
總經銷 / 知遠文化事業有限公司
地　址 / 新北市深坑區北深路 3 段 155 巷 25 號 5 樓
電　話 / (02)2664-8800　· 傳　真 / (02)2664-8801
初　版 / 2017 年 11 月

定價 / 290 元　ISBN / 978-986-6005-69-5